现代生态经济
与可持续发展研究

刘振剑　著

中国原子能出版社

图书在版编目（CIP）数据

现代生态经济与可持续发展研究 / 刘振剑著 . -- 北京：中国原子能出版社，2022.1

ISBN 978-7-5221-1578-8

Ⅰ．①现… Ⅱ．①刘… Ⅲ．①生态经济－经济可持续发展－研究－中国 Ⅳ．① F124.5

中国版本图书馆 CIP 数据核字（2021）第 190339 号

现代生态经济与可持续发展研究

出版发行	中国原子能出版社（北京市海淀区阜成路 43 号　100048）
责任编辑	杨晓宇
责任印刷	赵　明
装帧设计	王　斌
印　　刷	天津和萱印刷有限公司
经　　销	全国新华书店
开　　本	787mm×1092mm　　1/16
印　　张	11.625
字　　数	215 千字
版　　次	2022 年 1 月第 1 版
印　　次	2022 年 4 月第 1 次印刷

标准书号　ISBN 978-7-5221-1578-8　　　　　定　价 68.00 元

网　址: http//www.aep.com.cn　　　E-mail: atomep123@126.com
发行电话: 010-68452845

作者简介

刘振剑，男，1968年9月出生，湖南工程学院讲师，中南大学硕士，主要研究方向：经济管理。近年来主要讲授管理学、企业管理、生产与运作管理、质量管理、企业战略管理、管理沟通、质量管理体系与认证、项目管理等课程，以第一作者在《对外经贸实务》《林产工业》《植物检疫》等核心期刊上发表论文10余篇，主持完成省部级课题2项，参与省部级课题多项，参与完成横向课题多项，参编教材多部。曾为迅达科技集团、唐人神集团提供管理咨询服务。

前　言

随着现代化建设不断深入，我国现代生态经济与可持续发展也取得了重大成就。我们在深入研究生态经济发展现状和遇到的挑战基础上，积极探索实现现代生态经济可持续发展的路径。尽管不同城市、不同区域由于条件的不同，发展生态经济的思路和重点也不一样，根据现代生态经济的基本理论，结合我国国情，发展现代生态经济要以经济建设为中心，坚持生态经济的发展与提升产业层次相结合，走可持续发展之路，进一步扩大开放，促进现代生态经济的可持续发展。

全书共九章。第一章为绪论，主要阐述生态经济中的几个概念、现代生态学的基本理论、可持续发展的相关理论、系统论和热力学定律、其他相关理论等内容；第二章为生态经济的发展现状，主要阐述生态经济的实践进程，生态经济的发展成效和生态经济发展中面临的挑战等内容；第三章为生态经济的基本原则，主要阐述可持续发展原则、生态经济安全原则、生态经济公平原则、生态经济效率原则和遵循生态规律原则等内容；第四章为生态经济系统的结构与功能，主要阐述生态经济系统的组成、生态经济系统的结构和生态经济系统的功能等内容；第五章为现代生态农业与农业生态经济，主要阐述我国生态农业的发展概况、农业生态经济的发展模式、农业生态经济发展的可持续性等内容；第六章为现代城市生态经济的协调发展，主要阐述生态城市的理念与内涵、生态工业和经济发展生态化、城市生态经济发展的可持续性等内容；第七章为区域生态经济社会全面、协调、可持续发展，主要阐述区域生态经济社会协调发展规划、区域生态经济发展的战略要素、区域生态经济发展的可持续性等内容；第八章为其他国家或地区的借鉴与启示，主要阐述发达国家生态经济发展的经验、发展中国家生态经济发展的经验、新兴工业化国家或地区生态经济发展的经验等内容；第九章为我国现代生态经济与可持续发展的路径，主要阐述生态经济的可持续发展思想、生态经济可持续发展的保障机制、生态经济可持续发展的路径探讨等内容；为了确保研究内容的丰富性和多样性，在写作过程中参考了大量理论与研究文献，在此向涉及的专家学者们表示衷心的感谢。

最后，限于作者水平有限，加之时间仓促，本书难免存在一些疏漏，在此，恳请同行专家和读者朋友批评指正！

作　者

2021 年 1 月

目录

第一章　绪论

　　发展生态经济、实现可持续发展是社会发展的必然要求，也是人类文明进步的表现。基于生态学和现代生态经济的基本理论和相关理论对于现代生态经济和可持续发展产生了重要的影响。本章分为生态经济中的几个概念、现代生态学的基本理论、可持续发展的相关理论、系统论和热力学定律、其他相关理论五个部分。主要包括：生态经济中熵、生态经济、公共产品等概念，现代生态学中的马克思生态经济思想、循环经济理论、生态安全理论等基本理论，可持续发展理论和生态足迹理论，系统论和热力学定律和其他临界论、协调论等相关理论等内容。

第一节　生态经济中的几个概念

一、熵

（一）熵的概念

　　熵最初是由德国物理学家鲁道夫·尤利乌斯·埃马努埃尔·克劳修斯(Rudolf Julius Emanuel Clausius) 于 1865 年提出，应用在热力学中，归结为热与功的转化问题，也从中总结出热力学状态函数，根据状态函数的变化来判别转化的方向和限度。这以后熵函数也用来在控制论、生命科学、概率论等领域来度量系统的混乱程度。虽然熵在不同的学科中具有不同的表示意义，但是不会改变其度量系统有序度的根本属性。

（二）熵的不同表达形式

1. 热力学熵

热力学第二定律也被称为熵定律，将平衡热力学系统中存在的态函数命名为熵。假设系统从平衡状态经过可逆过程达到另一种平衡状态，再经过另外一个可逆过程回到刚开始的平衡状态。这时热量与温度的比值与过程无关，所以这也表明了系统达到平衡态时只存在一个态函数即熵。系统在逆转过程中吸收的热量与质量成正比。

2. 玻尔兹曼熵

虽然熵在热力学中占据非常重要的位置，具有非常严格的物理定义，但是我们仍然无法解释它的物理意义是什么。在孤立系统中为什么熵会越来越大，此外还存在一系列热力学第二定律都不能很好地去解释的问题。伟大的物理学家路德维希·玻耳兹曼（Ludwig Edward Boltzmann）借助于统计方法探讨了熵的微观意义，把宏观量的熵和微观状态数联系在一起，揭示了热力第二定律的本质。这样既表示了微观状态数的物理意义，同时也揭示了熵的微观物理意义。这是物理概念第一次用概率来表示，概率越大，对应的熵也就越大。微观状态数大小代表混乱度的大小，而熵的本质也就代表系统的混乱程度。如果微观状态数非常小，对应系统非常有序，混乱度非常小，则这个系统的熵也就越小；如果微观状态非常多，对应的系统就处于非常混乱或者非常无序的状态，那么此系统的熵是非常大的。熵增加原理的微观统计解释：在孤立系统中，系统朝着混乱度增加的方向进行。

3. H 定理

H 定理指出系统从非平衡态怎么变化到平衡态，同时也指出平衡态中分布函数的性质。在分子之间碰撞的影响下是关于时间单调递减函数，系统中的分子相互作用和相互碰撞导致 H 函数值减少，一直减少到最小值后就不再减少，系统就达到了平衡态，所以 H 定理也可以作为判断从非平衡态变化到平衡态的依据。

玻尔兹曼 H 定理在统计物理学中有非常重要的作用。微观粒子所遵守的力学规律一般都是可逆的，但是玻尔兹曼却从统计的角度论证了宏观状态下不可逆性。这是第一次从统计物理的方向证明了系统达到平衡是具有不可逆性的性质。

在孤立系统中 H 函数是随时间的减少而减少，而熵增加原理证明了熵在孤立系统中朝着增加的方向进行，熵增加原理和 H 函数都可以作为判断孤立系统不可逆过程的依据，由此可见 H 和熵有着密不可分的关系。

4. 信息熵

在现代人类生产生活和科学技术中，信息得到了最为广泛的应用，因此现代社会也被称为信息社会。信息最重要的一个特点就是可以消除事件的不确定性，通常我们把信息缺乏称为情况不明。一般来说，事件的不确定性与事件发生的概率是有关的。那么接下来我们来研究怎么计算事件发生的不确定性，首先从等概率事件入手。

二、生态经济

（一）生态经济的涵义

基于不同的专家学者们对生态经济的不同理解，有如下不同的含义解释。

①为了保护生态环境的各种经济行为的总和。

②一种可持续发展的新型经济形态。

③一种生态经济产业，是现实中的经济行为。

④达到生态与经济协调发展。

⑤一种可持续经济的经济构想。

⑥在遵循可持续发展的原则下，在可承受范围内人们从事经济活动时与环境相协调，实现经济社会发展与生态环境相对应的经济形态。

总之生态经济是一种新的发展模式，是在保证生态系统稳定、良性运转的条件下，实现持续、稳定、高质量的经济增长，实现社会福利的不断增长，最终实现人与自然协同发展的良性循环。

生态经济之所以是人与自然的协同发展，是因为人类社会与自然生态本质上是不可分割、相互制约的有机整体。而这种协同发展，只有在人与自然平等对话的观念深入人心的时候才能真正实现。更进一步，正像马克思对亚里士多德的评价，这种人对自然的充分尊重，只有在人类社会内部实现了人与人之间的充分尊重时，才能被真正理解和实现。因此，生态经济从本质上首先要求人与人之间的平等，它是与未来社会或者更高的文明形态相适应的一种经济形式。

但是囿于现阶段生产条件的限制，从"人类中心"到"天人平等"的转向是不彻底的。现阶段所谓的生态经济，也仍然是以经济活动为中心的，仅仅把自然当作特殊的服务提供者，好似奴隶一样，只是因为他对奴隶主是不可或缺的，他的健康才在一定程度上受到关注。因此，现在的生态经济只能是低级的或者说处在"初级阶段"。

逻辑上，生态经济的良性循环是需要首先实现了社会内部人与人之间的充分尊重，才会实现人对自然的充分尊重，进而实现人与自然的协同发展。然而，这样的条件在目前的现实里生活是很难达成的。那么在实现人类自身平等之前，如何先实现"天人平等"，进而借助反作用实现生态经济的发展目标？社会心理学家费斯廷格的"认知冲突"理论能帮助我们理解建立这种循环的可能性，本文也正是在此基础上解决在我国的现实条件下发展生态经济的问题的。

人在常规情况下，会调整自己的行为以适应自己的观念，但如果调整行为非常困难，就会尝试调整自己的观念。对于发展生态经济而言，一旦在某种外力的压迫下人们在经济活动中不得不充分尊重和考虑自然的处境，这种行为与人类无限欲望下对自然掠夺、奴役的观念就会产生认知冲突；如果外力压迫足够强大，使得行为难以改变，那么这种冲突就会以人在观念上妥协而得到解决；进而这种观念上的改变，会再一次加强人与自然的和谐，并且会进一步强化人与人之间的和谐关系；如此就实现了相互促进、协同发展的良性循环。

(二) 发展生态经济的意义

首先，能够协调生态优化与经济增长，意义在于缓解现有的生态压力，实现发展的可持续性，使天人关系从"对抗"走向"和谐"，从而不仅保证本代人的福利也保证了后代人的福利。

其次，虽然人与自然的和谐本质上要求社会内部人与人的和谐为基础，但前者也会由于反作用推动后者的实现。最终，生态经济所能实现的人与自然的协同发展，是二者之间相互促进的良性循环，即它既是自然的发展同时又是人自身的发展，是解放自然与人类自我解放的统一。

最后，当这种和谐在国际交往与合作中逐渐蔓延开来的时候，一种国与国之间和谐相处的世界新秩序就有可能建立。每一次大国的崛起都伴随着新世界秩序的建立：荷兰带来的是海上贸易体系；英国建立的是全球工业体系；美国主导的是世界金融体系。中国的崛起能够带给世界的或许就是这种人与自然之间、人与人之间、国与国之间和谐共处、协同发展的新的生态文明秩序。

三、外部性 / 外部效应理论

外部性指一方的行为以非市场方式对另一方的福利构成的影响，或当一个行为的行动直接影响到另一个或另一些行为主体的福利。外部性有正、负之分，前者指对受影响者有利的外部影响；后者指对受影响者不利的外部影响。

外部性理论是指某项经济活动对第三者的经济影响，这种经济影响是未在价格中得以反映的经济成本或效益。外部效应包括外部不经济与外部经济两种形式。外部经济一些人的生产或消费使一些人收益而又无法向后者收费。

四、公共产品

生态经济中的公共产品不具备明确的产权特征，形体上难以分割和分离，消费时不具备竞争性或排他性。非专有公共产品也具有非竞争性和竞争性两种特性。

五、市场失灵

市场失灵对于非公共物品而言由于市场垄断和价格扭曲，或对于公共物品而言由于信息不对称和外部性等原因，导致资源配置无效或低效，从而不能实现资源配置零机会成本的资源配置状态。市场失灵能够提高社会经济活动的整体效率，从而造成短缺社会公共产品，社会成员之间就会出现不合理的收入差距、财产分配不均等现象，就会打乱市场经济供求的平衡性，不能有效控制外部经济与外部非经济，体现出市场经济的不稳定。

在市场失灵的情况下，政府职能的关键作用才能完全发挥出来，政府通过有针对性的财政工具调节降低市场失灵带来的社会消极影响，同时政府也会制定规章制度来限制或规范特定的市场行为，以期达到政府预定的调节市场失灵的目标。

六、政府失灵

这是指政府为克服市场失灵而进行的各种经济干预活动没有奏效，政府的干预反而阻碍了市场经济机制正常职能作用的发挥，给社会经济生活带来了更大危害。因此政府与市场是相互补充的关系。政府失灵是政府干预不当而无法达到预期效果甚至带来不良后果的经济现象。

七、政府干预

何谓政府干预？目前学术界对于政府干预的概念还未形成共识。有学者将政府视为管理者，政府通过一定的手段措施对社会经济运行进行干预，以使它符合预定的目标；也有学者认为政府干预是指政府通过法律法规、政策等手段重新分配利益与资源。虽然学术界对政府干预概念众说纷纭，表述相异，但是就政府干预所具备的基本要素还是认可的，即政府机关部门依照法律规定对经济活动进行直接或间接的调节和控制，政府干预有着丰富的内涵。

政府干预同市场调节一样，都是随着西方资本主义的发展而发展起来了，具有悠长的历史。从15世纪到18世纪，随资本主义萌芽而兴起的重商主义主张国家政府对经济的全面干预，其代表人物托马斯·孟就提出国家应利用财政和关税手段保护本国经济的发展。重商主义历史上第一次系统论证了经济发展中政府的作用。19世纪上半叶，随着资本主义生产方式的完全确立，市场调节在经济活动中占据主导地位，古典自由主义兴起，代表人物亚当·斯密、大卫·李嘉图、马歇尔等，主张经济的自由放任，主要观点包括自由市场、自由竞争、自由贸易、生产要素的自由流动等，严格限制政府对经济的干预，认为政府应该承担"守夜人"的职责，主要承担维护国家安全和公民人身财产安全、建立公共机构、提供公共工程等责任，但不能干预经济活动。自由放任的经济政策成功促进了经济的快速增长和财富的迅速增加，但该理论并不是完美无缺的，爆发于1929年至1933年的经济大萧条标志着经济自由主义的终结和现代国家干预经济思想的诞生。凯恩斯主义随之兴起，凯恩斯认为自由放任的市场机制存在缺陷，需要政府进行干预。该理论成为美国罗斯福新政的理论依据，战后被西方资本主义国家普遍采纳。但是该理论同样不是万能的，无法解决20世纪70年代出现的经济滞胀问题，新自由主义重新兴起，提出"政府失灵"理论，反对政府对经济的过度干预，主张要充分发挥自由市场的作用。该理论在消除滞胀方面发挥了显著作用，得到部分西方主要国家的支持。但是20世纪90年代以来频频爆发的货币危机又显示了新自由主义的局限性，新凯恩斯主义得到了许多人的支持，提出了"市场失灵"理论，主张为消除市场失灵，政府要适度干预经济，在传统凯恩斯主义的基础上进一步发展了国家干预经济的理论，让政府干预经济的理论体系发展到新的阶段。

从政府干预的历史演变可以看出，无论是市场还是政府在经济发展过程中都有局限性，"市场失灵"和"政府失灵"理论让"市场不是万能的，政府也不是万能的"成为共识，完全自由的市场或者政府的过度干预都不利于经济的健康发展。西方市场经济发展就是在交替运用自由主义政策和政府干预政策中进行的。也没有一种理论是完全排斥其他理论的，自由主义不完全排斥政府干预，政府干预建立在自由市场的基础上。政府与市场不是零和博弈，而是相辅相成，只有政府"看得见的手"与市场"看不见的手"相互配合才能推动经济健康发展。政府也一直在寻求结合市场运行和政府干预的最优方式。我们可以看出，成熟的政府干预是指政府既适度履行职能又尊重市场调节的行为，注重政府干预的质量也强调市场运行的效率。

综上所述，政府干预以政府为行为主体，综合采取行政手段（行政命令、政策、条例、制度等）、经济手段（财政、税收、利率、价格等）、法律手段（法律法规）等对经济生活进行干预，最终实现市场的有序运行、经济危机的防范化解、国民经济的健康发展、国民生活水平的提高以及综合国力的增强。

第二节 现代生态学的基本理论

一、马克思生态经济思想理论

马克思虽然没有专门的著作对"生态经济"进行完整地表述、系统地研究，但是在其经典著作中却渗透着丰富的生态经济思想，主要包括人与自然辩证统一、生态技术思想、自然生产力思想三个主要方面。

（一）人与自然辩证统一

人与自然的辩证统一是马克生态经济思想的逻辑起点与核心内容，并渗透在马克思生态经济思想形成及发展的全部过程。人与自然二者之间是相互联系，不可分割的，人要以自然规律为准绳来进行实践活动，不得逾越自然规律，否则会导致人与自然之间产生矛盾从而走向对立的一面。

首先，人类社会的生存与发展离不开自然界。马克思认为自然具有客观性，并存在于人类社会之前。马克思指出："没有自然界，没有外部的感性世界，劳动就什么也不能创造。自然界、外部感性世界是劳动者用来实现他的劳动，在其中展开他的劳动活动，用它并借助了它来进行生产的资料。"自然界为人类提供大量的生产和生活资料，满足人们基本的生产生活需求，是人类生存与发展的必要条件。人们从自然界中获取物质资料来进行生产，就会导致自然界受到影响。反过来自然界也会影响着人们的社会生产进而影响经济发展，制约着人类社会的发展进程。人们的物质资料生产是以自然界为前提的，离开了自然界，人类的其他一切社会活动都将无法正常进行。

其次，人是自然界的重要组成部分。可以说自然创造了人，人的一切都要源于并依赖于自然界，如果人脱离了自然界孤立地存在与发展，那么人就会成为无源之水无本之木。人具有自然属性和社会属性，是自然存在物和社会存在物的统一体，并不间断地与自然界进行双向互动。自然界恰恰是人类社会实践活动的物质载体，但人类不能随意地去创造自然界中原本不存在的东西。

最后，劳动是人与自然辩证统一的桥梁。在劳动的基础上，自然分为自在自然和人化自然。人们把劳动作为与自然相联系的中介，充分发挥自己的主观能动性，有意识有目的地去改变自然物质形态。这就逐渐地使原本的自在自然逐渐转向为人化自然，在这个过程中人类本身也在发生着改变，既是人类本身的自然化过程，同时也是自然的人化过程。正是因为有了劳动，人与自然之间才能够进行合理的物质变换，这也内在地包含了一定的经济行为，促使经济活动与自然相交互，进而实现协调运转。在改造自然的过程中，人类必然会受到外部自然的约束，我们要着眼于客观实际，以自然规律为前提，适度地开发利用自然，如果我们对自然肆意妄为，那么我们将会面临巨大的灾难。

（二）生态技术思想

马克思十分重视科学技术的作用，他认为科学技术是改善生态环境，实现人与自然和谐共生的重要途径，也为经济生态化发展提供强大的技术支撑。

一方面，资本家为了得到更多的物质财富，就会无节制地利用科学技术来加大开发自然资源的力度，致使人与自然的关系不断恶化，也就导致科学技术发生了异化。由此可见，我们要正确地将科学技术运用到生产生活中去。

另一方面，随着科学技术在生产生活中的应用及其水平的不断提高，有助于推动生产工具和机器的更新进步，提升工作效率，同时也在一定程度上节约了资源与能源。比如，在工业方面机器不仅可以提高产品的质量，还可以增加利润，同时减少了资源的不必要损失。科学技术在农业上也发挥了巨大的作用，正如马克思指出："在自然肥力相同的各块土地上，同样的自然肥力能被利用到什么程度，一方面取决于农业化学的发展，一方面取决于农业机械的发展。""我们也要加大科学技术在其他生产领域的应用，更好地为人类的社会生产服务。"

（三）自然生产力思想

自然生产力思想是马克思生态经济思想的重要组成内容。自然生产力作为生产力的一部分，是指"自然生态系统所具有的物质循环，能量转换和信息传递的能力。""自然生产力既包括自然界的自然力，也包括自然资源、自然条件。自然生产力在一定程度上能够提高劳动生产率，促进经济的发展。"

自然生产力为人类社会经济的发展提供必要的条件，人类社会经济的发展不能脱离自然生产力而单独存在。社会生产所需要的物质要素都来自自然界，自然生产力又为社会生产提供了必要的劳动对象和劳动资料，如果自然生产力遭到破坏，就会影响社会生产过程的进行，进而影响到经济的发展。同时经济的发展也影响着自然生产力的发展。只有通过人类的实践活动，才能将自然生产力纳入社会生产中，对自然物质形态进行改造以满足人们的需求。

自然生产力和社会生产力二者之间是紧密联系的。一方面自然生产力是社会生产力的基础。另一方面，社会生产力也影响着自然生产力的进步。随着社会生产力的发展，自然生产力在一定程度上改变了自然界的本来状况，如果人们利用得当就会改善自然环境，使自然的再生产能力不断提高，反之就会使自然界遭到破坏，削弱自然再生产的能力。自然生产力与社会生产力在生产系统中所发挥的作用同等重要，我们要改变那种以往只注重社会生产力的发展而忽视自然生产力的重要性，我们要推进社会生产力与自然生产力的协同发展，共同促进人与经济、自然的和谐统一。

二、循环经济理论

美国学者肯尼斯·E·鲍尔丁在 20 世纪 60 年代明确地提出了循环经济，他系统地剖析了有限的资源与经济发展之间的关系，要求人们以生态学原理为基础，建立一个循环生产系统，以此来维持人类的生存与发展。所谓循环经济就是指对进入社会生产领域的资源进行循环利用，最大限度地减少废弃物的排出，进而增强环境效益来减少环境成本的经济发展模式。循环经济是一种新的经济形态，从其实质上来说是一种生态经济，通过运用生态学规律来促进社会生产的生态化。循环经济通过减少社会生产领域中废弃物的产生与排放，降低了废弃物对生态环境的危害，在保护环境的基础上实现了经济的高质量增长。循环经济改变了传统的经济发展模式，由以往的高污染、高能耗、低产出转变为低污染、低消耗、高产出，对资源进行高效利用，不断地提高了资源效益，从而减轻了资源压力，解决了资源与经济发展之间的不协调问题，进一步保证了人类社会经济活动的可持续发展。

（一）原料的减量化

原料的减量化是指从根源上合理控制资源的使用，减少废弃物的排出，实现废弃物的零排放。马克思把废弃物分为生产排泄物和消费排泄物两种，我们要利用科学技术创新对生产排泄物进行细致、全面的处理，通过反复利用，做到"物尽其用"，节约资源。而对于原料也要最大限度地发挥最大利用价值，原料本身的材质等都会影响原料的利用范围及利用程度。

（二）资源的再利用

资源的再利用是指资源被多次使用或用不同方式挖掘其中的可利用价值，扩展资源的利用深度，增加资源的使用期限，提高资源的使用价值，避免资源过早变为垃圾。这就要求生产者在生产产品的过程中要采取精细化的生产模式，提高终端产品的使用性能。延长产品变成废弃物的周期，当产品不能再继续使用时，人们可以将其部分可用零件进行再次使用。对废弃物的再利用过程就是将生产和消费排泄物再还给自然的过程。通过再利用，大大提高了废弃物中所蕴含的潜在价值。

（三）废弃物的资源化

废弃物资源化是指为了实现资源利用最大化，将废弃物重新整合再次加工投放到其他产业部门中，转换成为其他产业部门的原料，在不同部门之间循环利用，促进废弃物资源化使用，在一定程度上减少了资源的二次浪费。不存在真正意义上的废弃物，废弃物也只是相对而言的，比如消费排泄物中，这对于人本身来说是废料，毫无用处，但是对于种植业来说，这却是很好的肥料，在一定程度上可以增加土壤的肥力，在保护环境的同时还能提高农作物的产量。

三、产业生态学理论

产业生态学以生态学理论为基础，以系统论观点为指导，将工业体系当成一种类似自然生态系统的封闭循环体系。并认为，该体系内上游企业产生的废弃物或者副产品，是下游企业从事生产活动的原料，各类企业之间通过模拟自然生态系统的物种共生，形成产业共生关系，通过这种方式对工业过程进行改进，以实现节约资源、保护环境的目的，使得整个体系实现可持续发展。产业生态学理论内容丰富，以下仅对产业共生理论和关键种理论做简要阐述。

（一）产业共生理论

"共生"一词来源于生物学，在生态系统中共生着不同的生物，这也是这些生物生存所形成的一种互利共生的关系。在工业体系内，一定地域范围内的企业可以提升在市场竞争中的优势，实现集聚综合效益的最大化。这是产业生态学的重要研究领域，是循环经济发展的重要实践形态，其核心是实现经济和环境的双赢。

（二）关键种理论

"关键种"是从生物学中引入的概念，是指在生物群落中，对维护生物多样性和生态系统稳定性有着重要作用的物种，对于这类物种而言，自身的消失或削弱，将导致整个生物群落的生态系统发生根本性变化。在工业体系中，园区形成的产业集群就是生态学意义上的生物群落，群落内的相关企业形成许多生态链条，在这链条上起主导作用的企业就是"关键种"，其发展状况的好坏将对整个园区产生重大影响。

四、生态安全理论

作为一个完整和健康的生态系统，应该能够为人类在生活生产的物质需求方面提供支撑，它的生态要素体现在多个方面，包括空气质量与土地质量、饮用水与食物安全、绿色环境与绿色覆盖等等。一般来说，健康完整的生态系统是稳定、可持续的，在时间上，它能够自我修复，保障系统的完整性；在空间上，它又能够维持整个区域的基本物质生产和交换。反之，不安全的生态系统的生态安全状况处于一个较低的水平，自我修复和自我保障功能有所丧失，无法维持区域的正常的物质生产和交换。区域生态安全由生物安全、生态系统安全和环境安全三方面组成。在人类社会的作用下，由社会、经济和环境三个子系统之间相互作用而形成。社会经济能否可持续发展的关键就在于，能否有效的保障区域生态环境安全。

生态安全理论认为人类是造成生态安全问题的关键因素。一般来说，人类及其社会之所以依赖自然界生存和发展在于生态系统提供的产品与服务，如具有直接利用价值的食物、资源能源以及其他生活生产原料；维持生命物质的营养物质循环、水土保持、气候调节等具有间接利用价值的生态功能，这些生态服务与功能是人类得以生存和发展所必需的基础条件。保障生态安全就是保障可以维持人类生存和发展的良好生态环境和基本生态系统服务功能。如果自然安全得不到保障，或者是自然生态体系已经被破坏到自身都无法修复的地步（生态系统退化以及生态服务功能丧失），势必给人们的日常生活带来严重影响，同时会阻碍经济社会的正常发展，甚至是危及整个人类社会的生存问题。解决生态安全问题，恢复自然界原本健康的面貌，需要从人类自身入手，发展符合生态要求的新的生活方式和生产方式。

五、生态经济理论

生态经济就是以系统工程和生态经济学为指导，在不超过区域生态阈值的前提下，通过改变生产和生活消费方式，创新科学技术手段，发展那些生态效益高的产业，以绿色经济模式为导向，不断提高人们的生存环境的质量。作为一种绿色可持续的经济发展模式，要求经济快速发展与环境保护协同进行，物质文明和精神文明相统一，具有综合性、层次性、地域性、战略性、实用性、整体性的特征。

生态经济理论指出，社会系统和经济系统涵盖再自然生态生态系统之内，自然生态系统为社会经济的发展提供各种各样的生产要素和健康完整的生态功能服务。它存在一个生态阈值，社会系统和经济系统的发展不可以超过这个值，才能保持长久稳态发展。我们要通过科研创新、优化资源利用结构、调整产业布局等多方面的手段科学合理的利用生态资源，推动经济社会的高质量发展，反过来从加大环保投入、加强环境污染治理、提高环保意识等方面反哺自然生态系统，对其进行生态修复，使其自我恢复更加高效，进行更加快速的产生人类必不可少的生产要素，建立一个不断循环的良性发展机制。

第三节　可持续发展的相关理论

一、可持续发展的历史进程

我国自古以来就存在关于可持续发展的思想，如"天人合一"，就是要我们顺应大自然的客观规律，实现人与自然的和谐。而我们所说的可持续发展理论，是社会在经济不断增长的过程中，人类在探索资源、环境、生态之间如何协调发展形成的。

人类从农业社会迈入工业社会，在享受经济不断增长带来红利的同时，也饱受各种环境污染、生态系统遭到破坏带来的恶果。特别是 20 世纪 30 年代到 60 年代，马斯河谷烟雾事件、"黑风暴"事件、1952 年伦敦烟雾事件等，日趋严重的环境污染问题使人类开始正视与反思经济和生态环境的关系，相关学者和研究人员也不断提出各种关于在保护环境与合理利用自然资源的基础上，促进经济发展的理论与方法，可持续发展理论在这种趋势下进入了历史的舞台。

1972 年，《增长的极限》一文为可持续发展理论的提出奠定了基础，该文讲述了这样一个假设：执着经济的飞速增长将导致地球生态系统处于崩溃状态。在此基础上倡导"合理、持久的均衡发展"。

1972 年，《人类环境宣言》呼吁：人们慎重行动以避免对环境的破坏，号召全人类为自己及子孙后代而保护环境，其为可持续发展理论的提出奠定了基础。

1987《我们共同的未来》这篇报告中，我们可以发现其将"可持续发展"的核心放在了协调当代人与后代人对资源、环境等的合理利用上。

随着 1992 年的《里约环境与发展宣言》等具有代表性的报告与文件的相继发表，可持续发展理论日臻完善且受到各国的认可与响应并成为各国发展的指导思想。

可见，可持续发展理论是人类从非理性到理性、从单纯追求经济增长到追求经济发展的转变，是人类调节社会、经济、生态问题的必然选择。

二、可持续发展的相关理论

（一）可持续发展理论

20 世纪 60 年代，美国生物学家雷切尔·卡逊（Rachel Carson）发表著作《寂静的春天》，它引发了美国乃至全世界对环境保护问题的共同关注，以及对经济发展的探讨，可持续发展理论也由此起源。高效益、低能耗、持续稳定的发展是可持续发展理论的核心要义，要在保障当代人们物质生活需要的前提下，并且不能对子孙后代的需求造成影响，换言之，社会、经济、资源、环境四者作为一个逻辑整体，要有机结合、协调发展。在发展经济的同时，积极维护人们赖以生存的水、土地、大气、森林等资源环境的生态安全，保证人们世世代代的持续稳定发展。可持续发展的核心是发展，但是必须控制人口增长，维护生态环境安全，提高资源的有效利用率，在这样的前提下发展高效、生态的社会经济。

可持续发展理念正在逐渐改变之前人与自然的对立关系，促进两者的协同发展。人们不再片面的追求个人利益最大化，而是平衡好个人利益、社会利益和生态利益三者的关系，朝着整体协同发展的方向转变。从严格意义上来讲，可持续发展是人类行动的最高纲领和发展的最终模式。

可持续发展也拥有其一系列的目标体系和能力体系。可持续发展目标体系的建设是发展是否能够成功的基础和保障，而能力体系的建设则是目标能否完成的重要因素。可持续发展的目标体系建设包含了经济、生态、社会、人类等多方。具体来说，国家为实现可持续发展的目的，很大程度上依赖于国家和人民通过技术、观念等方面表现出来的能力。

可持续发展的法律体系。可持续发展的实现是具体的、法制化的，建设可持续发展的法律体系是可持续发展能力体系建设的基础和保障，通过建设合理的可持续发展法律体系，能够指导国家在自然资源利用、生态环境保护和社会协调发展等多方面实现可持续发展。

可持续发展的管理体系。管理重在协调双方或多方的共同利益，以达到共同的目的。历史和现实情况表明，我国农业生态系统的破坏大多是决策和管理不当造成的，因此，培养高素质的决策人员和管理人员，综合运用管理、规划、行政等手段，建立可持续发展管理体系，保障社会和谐稳步运行。

可持续发展的教育体系。生态环境保护需要全民参与，这就要求人们应具备可持续发展的理念和意识，清楚人类社会发展所带来的深远影响，自觉为人类长远发展牺牲眼前的部分利益。为建设可持续发展教育体系，应大力提倡学校开发可持续发展教育形式，同时也重点发展广泛的社会教育。

可持续发展理论包括经济和环境可持续发展两个部分。要改变经济增长方式，现阶段不仅应该重视经济增长的数量，同时还要注重提升经济环境质量；并不是独立的发展环保事业，而是要在发展经济过程中，及时有效地解决环境问题，用社会经济发展反哺环保事业，推动其不断向前发展，进而提高生态环境本底值，在环境承载阈值范围之内发展社会经济，协调两者之间的关系。

学者们从不同角度构建了可持续发展理论的指标体系，其中之一就是绿色GDP。绿色GDP值将现行GDP中扣除环境资源成本和对环境资源的保护服务费用所剩下的部分。与传统的GDP计算方法不同，该研究方法将经济、社会、环境问题纳入GDP的整体考核中，全面分析了该区域的经济发展与资源、环境之间的辩证关系，克服了传统GDP的缺陷。

（二）生态足迹理论

这是一种定量测度区域可持续发展状态的方法，因其全球可比性、直观性、综合性和政策性等特点，获得很大的关注与推广。20世纪90年代初由威廉·里斯（Willian Rees）教授和他的学生威克纳格（Wackernagel）提出，任何已知人口的生态足迹是生产这些人口所消费的所有资源和吸纳这些人口所产生的所有废弃物所需要的生态生产性土地的总面积和水资源量。从2000年开始世界自然基金会每两年发布一次生态足迹报告。

一个国家范围内给定人口的消费负荷，用生产性土地面积来度量一个确定人口或经济规模的资源消费和废物吸收水平的账户工具。通过土地功能以及生产情况的差异，将这些土地划分为六大类：耕地、草地、林地、水域、化石能源地和建设用地，通过简单的对比人类的生态足迹与生态承载力，将原本无法进行定量的人类生活、生产及消费所需的生态生产线土地需求情况用生态足迹进行量化表示，并与一定区域内在某段时期所拥有的生态生产性土地的实际生产情况对比，通过需求与供给的简化表达，得出该区域生态可持续发展状况（生态盈余或生态赤字）。生态足迹理论的优势在于不仅可以从微观的角度了解区域内不同类型的生产性土地生态足迹结构占比情况，也可以从宏观的角度分析区域总体生态足迹所存在的问题，且其理论完善、指标明确、框架清晰、计算方便。

基于上述关于生态足迹的定义与概念，通过某区域（全球、国家、省、市）的生态足迹与生态承载力的对比，可以得出该区域生态可持续发展的状况，并分析影响该区域生态可持续发展的生态生产性土地的具体利用情况。

一方面，人类生存需要使用各种产品与自然资源，如果对这些产品和自然资源进行追溯，则可以回归到由土地生产的各种产品上去，而这些产品生态足迹以可量化的土地面积为标准，于是人类生存所需的产品与自然资源可量化为生态生产性土地的面积。

另一方面，人类排放废弃物，通过生态系统的吸收与净化，被土地吸收利用，对废弃物的吸纳同样可以用土地面积加以表示，这两方面的加总所得就表示该区域的生态足迹。与此同时，生态承载力可以用该区域某段时期所拥有的生态生产性土地的实际生产情况来表示（将各种产品与自然资源转化为生态生产性土地面积）。通过这种方法，将该区域的生产、生活、消费情况量化为需求方（生态足迹）与供给方（生态承载力）并进行对比，对区域可持续发展做出全面、客观的评价。

但在生态足迹理论的应用过程中，也存在不足之处，如生态足迹理论应用只涉及对某区域生态可持续发展的研究，但对于该区域经济、社会等方面的可持续发展状况，需要采用其他的研究理论与方法；通过此模型得出的相关数据都是生态对经济决策的反应，而影响该区域生态可持续发展的土地利用因素并没有反映到相关数据中。

第四节 系统论和热力学定律

一、系统论

系统论是 20 世纪 40 年代三门系统理论中的一个分支理论，还有控制论和信息论都对当时的科学研究产生了重要影响，也被称为社会科学研究的三大理论。随着社会发展和系统理论的不断创新，出现了与"老三论"相对应的"新三论"。

（一）耗散结构理论

1. 耗散结构的概念

对于一个没有达到平衡状态的开放系统，可以是物理的、化学的、生物的、社会的和经济的，通过与外界的物质与能量和信息的交换，达到一定的阈值，会发生非平衡相变，系统有原来的混沌无序转变为在空间、时间或功能上更高级的有序状态。

2. 耗散结构形成的条件

（1）系统处于远平衡态

耗散结构系统具有动态平衡性，是一种动态的稳定结构，这种动态性保证了系统可以和外界环境进行物质、能量和信息的交换能够顺利进行。为使系统形成耗散结构，就必须使系统越出近平衡态区域，到达具有非线性特征的远平衡态区域。

（2）开放系统

对于一个孤立系统，其熵值随着时间的推移会逐渐增大，当达到最大值时，系统达到最无序、最没有效率的平衡态，因此孤立系统不能出现耗散结构。

（3）系统各要素之间存在非线性的相互作用关系

系统能够实现耗散结构演化的根本原因就是内部子系统相互之间的非线性作用。在达到状态临界点时，非线性的作用机制将微小的涨落放大，使之出现结构分支。在超过临界点之后，产生的结构分支是多重的，但是这些分支都是在系统非线性作用机制控制之下的。这些结构分支有的是稳定的，有的是不稳定的，不稳定分支在涨落因素的影响下会逐步演变到与之相近的稳定分支上，从而使系统达到一种新的具有更高效率的稳定状态。

（4）系统内存在涨落和突变

涨落对于系统平均值来说是很小的，系统总是维持在平均值附近运行。可是在临界点附近时，涨落可能会自生自灭，也可能会由于非线性的作用被不稳定的系统放大，产生突变，改变系统先前的运行状态，促使系统达到新的平衡状态。

（二）熵增原理

熵增原理表示为：$dS \geqslant 0$。

其中"="代表可逆过程，">"代表不可逆过程。在绝热过程中，系统的熵永不减少，在可逆绝热过程中，系统的熵不变，在不可逆的绝热过程中，系统的熵会增加。

孤立系统一定也是绝热系统，系统中不可逆过程是朝着熵增加方向进行的，当它达到平衡态时，对应的熵值为最大值，因此也可作为判断系统是否已经达到平衡态的依据。

在这里需要补充到的是对于非绝热或者非孤立系统而言系统的熵有可能增加但也有可能减少。熵还反映了能量的品质因素，熵越大，系统的可用能量就越少，即可用性的能量品质降低。

一个活着的生命体处在非平衡态的开放系统中，而且高度有序，各个器官和各个细胞像一个工厂一样井然有序的工作。生命体通过自身的新陈代谢来从外界汲取负熵，若生命体获得的负熵大于体内增加的熵时，生命体正处在初始生长和发育的过程，生命系统从一定有序的结构变化到更加复杂有序的结构，在此过程中生命系统的熵是减少的。在到达一定的时期，生命体系统汲取的负熵与体内的熵增相等时，此过程生命体的熵变为零，系统处于稳定有序的结构。一旦当生命体得到的负熵小于生命体增加的熵变时，系统体内的熵值是增大的，生命体会出现生病、衰老、机体退化等现象。因此如果生命系统出现短时间的熵增加过多的情况，就会使得生命系统出现混乱和无序的现象，进一步导致生命体进入病态。比如2019年末的新型冠状病毒通过某种方式接触人体的黏膜细胞，与细胞受体结合，从而感染人类，导致人体的系统混乱度增加，出现系统紊乱现象，使得人体内的熵增加过多，进一步导致人体的器官功能失调，具体的表现为发热、乏力等症状，这指的就是一种熵病。一旦生命体死去，熵增加原理会发挥着巨大的作用，人体会很快趋于平衡状态，变成一堆无序和死寂的物质。

（三）控制论

控制论分为施控（控制器）和受控（控制对象）两个部分。控制器从外界环境、控制对象接受一定信息后，控制作用将信息、能量、物质等施加于控制对象的输入；控制对象又会产生（物质、能量的）输出。在这个控制过程中，环境介质会产生干扰。因此控制对象要在控制器的作用下控制预定值的输出量。

控制论应用在生态经济系统中，肩负着实现以下目标的任务：要实现生态经济多重性和明确性目标；要实现生态经济系统中变量的大量性、模糊性、非线性目标；要实现生态经济系统的复杂、多层结构和系统的随机性和长时效性。例如生态经济中的农业生产活动，既要实现经济效益、环境和社会效益的多重目标，对于每个目标又有非常明确的具体目标；而在农业控制系统中的输入输出变量（农药、温度、产量等）和状态变量（农作物生长情况）又非常之多且具有很大的不确定性；农业系统的结构也非常的复杂，既有横向结构的联系，又有纵向结构的联系。农业系统还会收到自然条件和当地社会经济发展水平的制约。

（四）线性和非线性理论

这是一种最常用的控制理论。线性理论往往可以用常系数线性微分方程来近似地描述，可用拉普拉斯变换方法来研究。

但是，线性系统只有在非线性成分可以忽略不计时才能应用。它虽然便于数学处理，但不能比较精确地描述系统的运行状态，不能解释许多实践中遇到的问题。因此，非线性系统理论特别重要。由于非线性系统种类繁多，加上描述的数学工具缺乏，因此多采用计算其近似值和进行定性描述的方法处理。

（五）概率控制过程和统计方法的应用

生态经济系统的输入输出，往往是多变量的随机因素，处理这种系统主要运用概率控制和统计方法。在自然现象和社会现象中，有些现象就个别来说是无规则的，但从整体来说则呈现出比较明显的规律性。概率理论就是用数量方法来研究这种规律性，描述某种事件发生可能性的大小，从而合理调控系统。

（六）最优控制理论

这一理论提出了极大值原理、动态规划原理。其中最主要的方法有梯度法以及由此派生的其他方法等。最优控制理论，适用于生态系统可更新资源的最优控制，例如，渔业的最优捕获量、林木的最佳轮伐期的确定，等等。

（七）系统分析理论

系统分析是系统工程中解决问题的关键环节，同时也是系统工程处理问题的核心内容，尤其在解决复杂系统问题方面有着巨大的优势。系统分析的最终目的是帮助决策者明确具体问题，并为其提供解决问题的依据和建议等，辅助决策者选择合适解决方案。系统分析的主要内容有结构分析、功能分析和目标分析等部分，在明确了系统的结构、功能和目标之后，可以更好地提出解决方案。

1.结构分析

任何系统都是以一定的结构形式存在的，系统结构是系统保持完整性和功能完备性的内部依据，反映出系统内部各个要素之间的相互关系和作用方式，体现出系统中各要素之间秩序的稳定化和规范化。系统结构分析的目的是总结出现有系统的结构规律，厘清系统内各要素之间的相互关系，在现有的环境和目标约束下，实现系统各要素的最优组合。

2.功能分析

这是指系统整体与外部环境相互作用过程中反映出的能力和效应。对系统进行功能分析，可以清楚系统与外部环境之间存在何种相互作用的关系，明确系统整体存在何种性质，以及表现出何种行为。

3.目标分析

系统目标是进行系统分析的主要出发点，是对系统目标的一种集中表述，系统目标关乎系统全局，有着极其重要的地位，目标确定得是否科学合理，将影响整个系统的成败。为了实现系统目标，就需要系统具备一定的功能，而系统功能是由系统结构决定的，在确定系统目标，对其进行目标分析时，结合结构分析和功能分析，适时做出调整，以期达到系统的目标状态。

总之，系统分析理论在解决复杂问题的过程中存在着天然优势，在对系统工程进行方案策划时，按照上述的流程化的科学步骤，对系统进行细致分析，以系统目标导向，为决策提供合理的解决方案。

（八）系统识别理论和自动控制理论

系统识别理论的应用能够弄清系统的内在联系和有关参数，尤其能够调控复杂系统。自动控制理论在解决诸如生态经济这种复杂的大系统中的问题时有现实意义。它通过满足系统的多输入和多输出的要求，达到系统的最优化。

二、热力学定律

热力学第一定律认为，能量既不会凭空产生也不会凭空消失，只能从一种形式转化为另一种形式，例如从化学能转变为机械能，这就意味着能量是守恒的；同时因为物质和能量可以相互转移，因此能量和物质是守恒的。在我们地球环境中因为能量和物质转移可以忽略不计，因此又可以得出两个推论：纯能量的守恒和物质的守恒，后者可以认为是物质平衡规则。

热力学第二定律是热力学的基础，它在热力学中占据重要位置。在自然界领域中，所有和热现象相连的自发宏观过程都是单向不可逆转的过程，连接系统最初状态和最终状态两条循环可逆，热量与温度的比值与过程无关，这也表明了系统达到平衡态时只存在一个态函数。

热力学与可持续发展问题有着密切的联系，物质转化需要做功，因此需要能量。将热力学定律和自然生态系统中物质循环和能量流动理论应用于人类社会经济系统的研究具有深远意义。虽然目前在人类社会经济系统中，物质的完全循环是不可能的，但是随着科技与思想的发展，可以尽量提高物质循环的效率和能量转化率，以达到整个生态经济系统的可持续发展。

第五节　其他相关理论

一、临界论

生态系统本身具有一种内部的自我调节能力，即负反馈效能，依靠这种效能，生态系统才能保持稳定和平衡。但是这种自我调节能力，不是无限度的，每一生态系统由于结构不同，有某种数量限度，这个数量限度被称为临界值或称阈限值或容量值。当生态系统的自我调节功能不能再起作用，就会引起系统功能的退化和结构的破坏，最终导致生态系统的溃乱和经济系统的衰落。

将临界论应用于生态经济中，主要指资源容量和环境容量两个方面。在以再生的生物资源为原料或劳动对象的经济系统中，经济系统取得这种生态资源（或劳动对象）之后的剩余量，不得低于使生态系统的固有调节机制得以维持所必需的自然再生产量，即对生态系统的干预不得超过临界值；人口数量和经济建设规模要与资源容量相适应，在一定地域内，人口密度和生产单位的空间密度，必须与自然生态环境的资源状况相适应，人口和以某种资源为生产原料的生产单位的发展规模快要达到临界值时，就要采取措施，限制其发展。

经济系统输入生态系统的废物量不得超过生态系统的承受力；农业生产的投入量不得超过环境的降解分解吸收能力；无机物和有毒物质的生产，不得超过环境的净化能力。

二、平衡论

生态环境的优劣，是以生态是否平衡作为重要标准的。所谓生态平衡，就是一个地区的生物与环境在生长适应的过程中，生物与生物、生物与环境成分之间建立了相对稳定的结构，整个系统能够发挥其最佳功能的状态。要保持生态系统的物质收支平衡、结构平衡和功能平衡。

生态系统平衡是相对的、有条件的。生态平衡是建立适应人类社会发展的平衡，生态平衡与经济领域中的一些规律有着复杂的联系，两者密不可分却又相互制约。但生态平衡如果遭到破坏，社会经济规律、社会各个部门的关系、市场供应与市场价格等一系列的社会经济活动也会受到影响。生态经济系统是一个开放系统，它的平衡理论符合耗散结构理论的某些规律。

三、协调论

协调是处于一种不断变化的动态过程，其系统内部所包含的要素之间也处于相互调整之中，其既是一种状态又是一个不断调整过程。作为一种状态，协调内部各个要素之间的融洽关系以及各要素所组成的一种相互作用，以追求最佳整体效应为目标，形成一种相互和谐的良性循环态势。协调也一个不断调整的过程，具有控制和管理职能，以组织的发展为目标，调节整体中各种活动的相互关系，缓解各要素之间的矛盾，推进整体协调发展。协调具有以下特点：协调并不是反映内部各个要素的发展状态，而是反映各个内在要素之间相互配合和作用的一种状况，内部各要素的最优并不等于整体最优或系统协调；协调应当是动态发展的，整体目标的实现需要各内部要素之间根据实际情况，实事求是，在保障目标实现的基础上给予适当调整。

协调是处于一种不断变化的动态过程，其系统内部所包含的要素之间也处于相互调整之中，表现为一种和谐，是一种良好的关联。而发展是在系统中一种进步变化的过程，既有量的变化又有质的变化，变现为一种演变过程。因此，协调发展应当是协调与发展的综合，只有整体内部各要素之间和谐统一、良性循环，才能在此基础上进行一种总体进步变化过程。协调发展理念强调的是一种整体、内在的发展整合，并不是简单的内部各个要素或整体的增加，而是在协调基础之上的一种综合发展。它所追求的是一种整体上升、优化全局的共同发展目标。

协调发展应当建立在资源环境可承载能力范围之内，不能超出这一范围，否则就不协调。社会经济与环境应当协调发展、相互促进，主要表现为三个方面。

①社会经济发展推进技术的创新，提高了能源利用效率，减少了污染物排放，也可以促使人类寻求新的可替代能源。

②改善社会经济发展结构，调整能源利用结构，减少能源消耗，提高利用率。

③经济发展使人们生活水平提高，随着生活水平的提高，人们的节能环保意识增强，又对生态环境承载力提高具有促进作用。

④随着生态环境承载力的提高又反哺社会经济发展。

协调理论是在尊重客观规律基础上强调加强以人为本的协调发展理念。以人为本并不是一味地强调只要为了人的发展而不符合客观规律的需要。将人纳入自然一部分，在满足人的需求时要符合自然发展规律，促进人与自然的和谐发展。

生态文明不仅仅包括生态环境要好，还包括政治民主、经济良性发展和文化底蕴深等，它是由多种因素共同促成的综合体，这些因素协调共进、相互作用对于生态文明的建设非常重要。生态文明建设离不开能源、经济、环境和生态的协调发展，缺一不可，其中清洁能源是动力，健康经济是基础，优质环境是保障，自然生态是标志。由能源、经济、环境和生态所构成的整体，是一种相互关联、作用和渗透具有结构和功能统一并且开放的动态复杂系统，只有将这些因素协调起来，共同作用，才能推进生态文明健康永续发展。

第二章　生态经济的发展现状

随着生态经济理论的发展，我国也开展了一系列的生态经济实践，相继出台一系列的环境经济政策和法规以便调控经济增长对资源环境的破坏。本章分为生态经济的实践进程、生态经济的发展成效、生态经济发展中面临的挑战三个部分。主要包括：国家关于生态经济的规划、法律、法规的制定和实施，我国生态经济在理论研究、生态经济意识、自然资源利用以及环保方面取得的生态经济成效，生态经济建设中存在的各种问题及面临的生态需求递增和供给紧张等挑战等内容。

第一节　生态经济的实践进程

一、相关的国家规划

我国经过多年的生态经济实践，虽然在资源节约利用和清洁生产方面取得了一定成果，但传统的粗放型增长方式仍然没有得到根本转变。同时，工业化和城镇化的快速发展更加剧了资源与环境的压力。因此，2005 年我国发布了《国务院关于加快发展循环经济的若干意见》，倡导大力发展循环经济，按照"减量化、再利用、资源化"的原则，采取各种措施以尽可能少的资源消耗和环境代价，获取最大的经济产出和最少的废物排放，实现经济、环境和社会效益的统一，建设资源节约型和环境友好型社会。为促进生态经济的顺利发展，我国已经建立了一系列国家规划来保障生态经济的具体运行。

2006 年《中华人民共和国国民经济和社会发展第十一个五年规划纲要》的第六篇中明确提出发展循环经济及其主要范围、方式。

2012 年《"十二五"循环经济发展规划》，部署发展循环经济，以作为推进生态文明建设、实现可持续发展的重要途径和基本方式。

2013 年《大气污染防治行动计划》，对地级及以上城市、京津冀、珠三角、长三角等区域的颗粒物浓度降低目标进行了明确规定，切实改善空气质量。

2015 年《党政领导干部生态环境损害责任追究办法（试行）》《自然资源资产负债表试编制度（编制指南）》。2016 年《生态文明建设目标评价考核办法》，生态文明绩效评价考核和责任追究制度基本建立。随着生态保护市场体系的加快构建和空间规划体系改革试点的全面启动，我国的生态经济保障制度已经在逐步建立。

2016 年《关于健全生态保护补偿机制的意见》，2017 年《关于全民所有自然资源资产有偿使用制度改革的指导意见》，积极推进了生态保护补偿机制和自然资源资产有偿使用制度。

2018 年相继批复《国务院关于汉江生态经济带发展规划的批复》《国务院关于淮河生态经济带发展规划的批复》两个生态经济带。

二、相关的法律、法规

随着生态环境问题的加剧，我国相继出台并实施了一系列生态环保方面的法律、法规以及地方性规章等，以此来指导规范我国生态经济的发展。

法律方面，包括《环境保护法》《海洋环境保护法》《大气污染防治法》《清洁生产促进法》《矿产资源法》《水污染防治法》《节约能源法》《生态保护法》《循环经济促进法》等几十部。

法规方面，包括《国务院关于加快发展循环经济的若干意见》《国务院办公厅关于开展资源节约活动的通知》《国务院关于加强节能工作的决定》《"十一五"期间全国主要污染物排放总量控制计划》等几十部。

另外，各地方、部门还相继出台了上百条的有关环保的地方、部门规章。

三、相关环境经济政策

我国并没有真正的以污染物和碳排放为征收对象的以环保为目的的独立环境税种，只是通过排污收费制度和一些与环境相关的一般税种（资源税、车船税、消费税、增值税等）进行调控，因而调控力度不足。另外，我国的环境税收体系还有待完善，各税种之间缺少统筹配合、环境税收收入偏低、环保力度不足。

独立环境税是目前环保的一个必然选择。近年来，随着生态环境问题的凸显，社会和国家层面对环保工作的重视也在提高，我国政府也在着力研究推进环境税的开征，并且在《十二五》规划中明确提出"开征环境保护税"。2007 年国务院《关于印发节能减排综合性工作方案的通知》中明确提出要研究开征环境税，2008 年年初，国家相关部委已着手研究环境税的开征工作。2010 年 8

月，相关部门已经就环境税开征及试点问题着手请示国务院。2011年12月，财政部确定适时开征环境税。2016年通过《中华人民共和国环境保护税法》，自2018年1月1日起正式施行。

现代人对地球资源无休止的掠夺、征服和抢占，使得人们赖以生存的自然资源和环境成为人们经济发展、社会发展的牺牲品。上至大江大河、土地山脉、矿物储藏，下至人类自身，人们追求功利和自我价值实现的步伐越来越快，生态环境的纯真逐渐消失，人们面临着臭氧层空洞的扩大、核污染的加剧、各地日益严重的沙尘暴等恶劣局面。今天，面对时刻威胁地球家园和人类生存的生态环境问题，我们必须停下脚步，深刻的反思，检讨过往以来人类所犯下的错误，还要从长远的眼光审视自身的发展观、价值观。

生态补偿是国内外学者研究的热门领域之一，生态补偿包括水域、林业－矿产、农业等多个方面，目前，国内学者对于生态补偿的概念和内涵的研究仍在继续，不同的学者具有不同的研究视角，一部分学者以生态补偿的外部性为出发点，认为生态补偿要从外部性出发，研究生态外部性的正负效应；还有学者从经济学、社会学和生态学多方面的理论对生态补偿进行说明。

从生态补偿的具体实践分析，有的学者从法律的角度研究，建立生态补偿的法律体系；还有学者从食品安全和社会学的角度研究，认为生态补偿的意义应从当下国民密切关注的食品安全和维护社会稳定的角度考虑。从生态补偿的主体和客体出发，把能够享受到生态经济所提供各种服务的人群作为补偿主体，主体并不是一成不变的，随着生态补偿的深入，主体也会随之发生改变；生态补偿的客体则主要是创造良好生态环境的生产者和社会组织等，也包括生态环境的破坏所形成的受害者。

第二节　生态经济的发展成效

一、生态经济理论研究不断深化

1980年，北京首次召开生态经济问题座谈会，揭开了我国生态经济理论研究的序幕。从时间上来看，我国生态经济的研究大体可以分为两个阶段：第一个阶段是1980年到20世纪90年代中期，重点是生态与经济的协调发展；第二阶段是20世纪90年代中期至今，研究开始向深度和广度上扩展，与可持续发展理论相联系，生态经济协调发展向生态经济可持续发展理论转变。

从生态经济研究的内容上来看，生态经济理论研究由最初的单纯研究生态经济平衡到现在从伦理、可持续发展、和谐社会、生态文明等多个角度研究生态经济。

从生态经济的具体模式上来看，生态经济理论研究经历了由最初的循环经济模式研究到现在的循环经济、低碳经济、绿色经济等多种新经济模式共同研究的阶段。

从生态经济研究的特征上来看，生态经济由最初单纯强调生态与经济发展的协调性到现在强调生态、经济、社会三方面协调，更加突出了人文性特征。

生态经济思想的研究也由最初单纯研究马克思恩格斯生态经济思想发展到现在研究中国共产党人和其他世界著名生态经济学家的生态经济思想。生态经济的研究领域也从最初的生态农业扩展到城市生态经济、农村生态经济、生态工业、生态旅游、生态服务等诸多领域。经过我国学者不断的努力，我国生态经济理论研究在深度上不断延伸，广度上不断扩展，在与中国生态经济特色实践紧密结合的基础上，已经形成了多方面、多领域的生态经济思想，能够为我国的生态经济实践提供一定的指导。

二、社会生态经济意识逐步提高

虽然人们的意识并不能完全决定自己的行动及行动结果，但合意的意识往往能使得行动取得事半功倍的结果，反之亦然。我国生态经济发展比较晚，对人们的生态意识教育起步也较晚，但经过多年来生态经济发展的经验和教训及通过各种社会渠道的宣传教育，无论是政府还是社会层面，我们的生态经济意识已经有了较大提高。

（一）政府层面

在过去很多年里，由于生产力相对落后的原因，我国过多地强调以经济建设为中心，造成了地方政府官员的"唯 GDP 论"，有些地方政府不愿意花费更多的时间和精力来进行周期长、见效慢的生态经济建设。但随着经济发展给环境造成的压力日益增大，负面效果逐渐显现，党和政府对发展有了更深一步的认识。在改革开放初期，基于当时我国生产力发展水平过低的现实情况，邓小平提出了"以经济建设为中心"的发展要求。进入 21 世纪，针对发展不协调和不全面的矛盾，在 2006 年底的中央经济工作会议上，胡锦涛提出"要努力实现经济又好又快发展"。

2012 年以后，我国经济进入新常态，习近平总书记在 2012 年的中共中央召开的党外人士座谈会上提出实现经济持续健康发展。党和国家更加重视社会民生，对新的经济发展模式提出了更高的要求，体现了全党和社会的生态经济意识提高。

（二）社会层面

根据国家统计局最新发布的第六次全国人口普查数据显示，2010 年，我国的文盲率为 4.08%，与 2000 年的第五次人口普查的文盲率相比，下降了 2.64 个百分点。社会人口文盲率的下降从整体上代表了我国人口综合素质的提高，人们有更多的机会接触党和政府的相关政策。另外，在社会生活日益丰富的今天，人们不仅仅通过学校接收有关生态的教育，还通过电视、广播、互联网等诸多的渠道接收到生态教育，生态经济意识得到了进一步的提高。在生态消费领域，随着人们的社会购买力的提高，人们不只是关注吃得饱而是更多关注吃得健康，而且随着越来越多的生态工农业产品进入普通超市，人们的消费过程同时也是一个生态经济意识自我提高的过程。

三、生态经济实践取得的成效

生态经济理论的发展最终要服务于生态经济的实践。生态经济在我国起步比较晚，大体都还处于探索的阶段，在实践上我们也走了一些弯路，但经过多年的摸索，在总结经验和吸取教训的基础上，我国部分地区和领域的生态经济实践仍取得了一定的成效。

（一）生态城市

我国重点支持海绵城市建设，2015 年财政部批准济南、重庆等 16 个城市为全国第一批海绵城市试点，2016 年又批准上海、深圳等 14 个城市为我国第二批海绵城市建设试点。虽然部分海绵城市建设出现了误差，但是在诸多教训的基础上，部分试点城市依然建成了蓄水工程，多部门协调配合有效地防止内涝又贮存了水分。

（二）生态农村旅游

中央虽然没有明确生态农村旅游试点，但公私合营的"PPP 模式"已经在多地试行。生态农村旅游已经成为当前人们外出旅行的重要选择，有些贫困村依靠周边特色优势，通过开发旅游资源成为远近闻名的生态旅游度假村。生态农村旅游不仅提高了农民的收入，也带动农村相关产业发展，成为乡村振兴战略重要举措。

2000 年的电影《卧虎藏龙》不仅在国际上引起重大反响，也让影片拍摄地的中国竹乡——安吉一举成名，吸引了来自全球的游客。

2005 年临近竹海的余村关闭村里的三个每年 300 万效益的石灰矿，转型发展起旅游业，后来又提出了"绿水青山就是金山银山"的重要论断。余村已经成为全国有名的生态旅游新农村，是生态农村旅游的新典范。

（三）生态工业

20 世纪 90 年代生态工业相关理论传入我国。生态工业是依据循环经济的原理，主张将废弃的材料重新利用在其他场所作为原料，以实现废弃物的零排放，组成了一个由多个相关联企业组成的交流资源、信息和副产品的"生态产业链"或"生态产业网"。截至 2017 年底，我国共批准建设了 48 个国家级生态工业示范园区，另外还有 45 个示范园区处于建设考核中。经过近三十年的发展，生态工业园区已经取得了较大进展，不仅有效地解决了废弃物排放问题，节约了社会能源，还有利于工业产业的集群，便于城市规划。

（四）生态农业

生态农业是依据生态学相关理论，因地制宜地设计、调整农业生产，以实现把农村污染废物的资源化，从源头消减农村污染的目标。经过近三十年的发展，我国各地区利用自身环境资源优势发展了多种类型的生态农业，其中最为典型和常见的就是"沼气型家庭生态农业模式"。此种模式以农作物的秸秆为原料，用于培育食用菌，再以菌渣作为喂养牲畜的饲料，最后以牲畜的粪便投入沼气池来生产日常燃料用以满足家庭的能源需求。"沼气型家庭生态农业模式"不仅有效地解决了农村秸秆焚烧和粪便污染问题，保护了农村生态环境，也提供了日常燃料，节约了社会资源。

第三节   生态经济发展中面临的挑战

一、生态经济建设存在的问题

相比于传统的发展模式，生态经济毕竟是新生事物，无论是在国内还是西方发达国家的实践，都还尚处于摸索阶段，没有形成完全统一的道路和发展模式。当前我国生态经济建设还存在着对生态经济认识不足、生态领域科技的发展尚不充分、发展生态经济的保障制度不够完善和生态消费的生活方式尚未形成等问题。

（一）对生态经济的认识不足

20世纪70年代，在生态经济理论进入中国的初期，中国社会的主要任务还是一切以经济建设为中心，尤其在尚未解决温饱问题的情况下，党和政府必须强调生产力的重要作用，而无法开展有效的生态经济实践。而在这种生态经济理论不成熟和生态经济实践不充分的情况下，无论是党和政府还是人民群众，对生态经济都没有形成足够的认识。

一是对生态经济的概念和作用认识不足。生态经济是一种新型的发展模式，注重生态与社会、经济的协同发展，它的特点决定了建设的长期性和效益产生的缓慢性。在过去以"GDP考核政绩"的大背景下，很多地方官员认识不到资源的有限性和环境的难以治理性，往往误认为生态经济建设会延缓经济的增长，因此将建设生态经济的相关议案束之高阁。对于大多数人来说，生态经济是一个比较陌生的概念，人们大多认为生态经济是政府的宏观政策，而与自己这样的普通民众无关。毋庸置疑，在生态经济建设中政府处于主导地位，但是生态经济的建设并不能仅仅依靠政府，生态经济产品的流通和消费离不开广大人民群众的认可。

二是对发展生态经济的重要性认识不足。在过去很长一段时间内，我国依靠巨大的人力和物力资源取得了举世瞩目的成就，致使一些旧的经济发展认识在人们的头脑中根深蒂固。然而，资源和环境承载能力的有限性注定了我国无法永远依靠这种资源环境过度消耗的发展方式来保持高速的经济增长。因此，为保证经济持续健康发展，我们必须破除传统发展思维，重视发展生态经济。

（二）生态领域科技的发展尚不充分

从"科技是第一生产力"的重要论断，到"科技创新是引领发展的第一动力"，生态经济的发展涉及经济、社会、生态生活的方方面面，如果缺乏强大的科技支撑，生态经济的建设只能沦为一句空话。

从现实情况来看，虽然新中国成立后我们很快建立了相对完备的工业体系，尤其经过三十多年的改革开放，我国的科学技术突飞猛进，现在已经成为世界第二研发大国。但是，我国生态领域科技的发展仍不够充分，主要由以下方面造成。

首先，我们的工业体系仍不够完备。由于底子薄、发展时间短，我国的科技研发大多集中于基础应用研究，而真正自主的高端研发偏少，部分核心技术依然受制于人，工业体系尚不够完备。

其次，生态领域科技起步较晚。相比于西方发达国家，我们在过去很长一段时间必须以经济建设为中心，在科技领域同样如此，尽管经过社会各方的努力，但生态领域科技的发展并不能在短期内达到世界先进水平。

最后，科技成果转化融通机制不够畅通。科技成果转化为现实生产力的审批难问题在我国依然较为明显，这就造成了虽然我们有时比西方更早地掌握了技术，但由于转化融通机制不畅，很难在日益激烈的科技竞争中掌握主动权。

在生态领域科技，当前我国主要存在科研经费相对不足，科技自主创新能力不足和科技转化为应用成果能力不足和相关人才缺乏等问题。2015 年我国研发经费投入占 GDP 比重为 2.10%，到 2020 年我国研发经费投入总量达到 24 426 亿元，占 GDP 比重的 2.4%，达到历史最高水平，总量稳居世界第二。这些数据平摊到生态领域科技方面，显得不足，但是在逐步上升。

科技转化为应用成果方面，与发达国家每年的转化率已达到 70% ~ 80% 的数据相比，我国的每年转化率仅为 10% ~ 20%。另外，在人才队伍建设方面，我国生态领域科技工作人员依然显得不足。其中一个很重要的原因生态学并没有成为大学普遍设立的学科，而且生态学的教育质量有待提高。这就积累造成了社会上生态科技领域急缺人才的尴尬局面。

（三）发展生态经济的制度保障不够完善

生态经济建设是一项长期而复杂的工程，这个过程会不断产生新的利益分配，更需要扶持一些适合发展生态经济的单位和项目。因此，建设生态经济离不开科学有效的制度来保障其顺利开展。而当前我国的生态经济制度保障方面依然不够完善。

一是生态经济建设体制还不够完善。虽然近些年我国非常重视生态经济保障法律和制度的建立，但经济发展实践出现的新情况和新问题对完善法律和相关制度不断提出新的要求。2015 年中共中央国务院规定了生态文明体制改革的总体要求和目标，基本建立了相应的机制体制，但仍然有一些体制还没有完全建立起来，需要进一步的努力。比如，自然资源资产产权制度、国土空间开发保护制度、资源有偿使用和生态补偿制度等虽然都出台了指导意见，但是由于制度体系的环环相扣，有些制度的改革势必造成体制机制的更新，而这些体制机制仍没有能够完全建立起来。

二是有关生态经济的法律执行力度不够。有关生态经济的法律的执行通常不是只涉及一个部门，在这种情况下，职责不清、政出多门、相互推诿的情况往往就会出现。例如，我国的法律规定，环保部门具有对污染企业罚款的权力，但却没有直接关停它的权力。在这种情况下，环保部门只能对其罚款并勒令整改，但这往往是"罚酒三杯"，起不到真正的作用。

三是公众参与的实现程度不够。生态经济的建设涉及社会生活的方方面面，和人民群众息息相关，但我国目前仍未明确详细有效的公民环境权益。有关环境法律法规中提出公众积极参与的要求，提出需要考虑公民意见，但没有规定参与的途径和程序，使得公民参与规定，缺乏详细有效的法律支撑。

（四）生态消费生活方式尚未形成

当前社会仍未最终形成生态消费的生活方式，究其原因由以下三方面造成。

首先，从经济层面来看，经过我们党和人民的不懈努力，我国已经成为世界第二大经济体，人民生活水平也有了极大幅度地提高，人民可支配收入的提高，让人们有了更了更大的购买力，但在一定程度上也给不良消费行为的滋生提供了土壤。

其次，从社会宣传层面来看，虽然我国主流媒体一直宣传勤俭集约艰苦奋斗的社会主义核心价值观，但某些不良媒体和商家为了自身利益不断鼓励公民进行一些无节制的消费行为。

最后，对外交流层面来看，改革开放给我们带来先进经验和技术的同时也带来了一些不良的消费思想，在一定程度上让人们的消费行为产生了异化。

消费主义是不良消费思想之一，且在我国影响程度较深、影响层面较广，严重影响了我们社会生态消费方式的形成。与绿色消费相对立，消费主义追求的是体面消费，把消费行为当作生活一部分而不顾及自己的真实需求，为了消费而消费，是一种消费的异化。不可否认，消费主义确实在一定程度上刺激了社会生产，对经济的发展具有有限的推动作用，但是更多方面却造成了资源的大量浪费和环境的破坏，不利于社会的持续健康发展。当代中国，虽然人们自小接受勤俭节约的教育，但在市场经济的大环境下，不良消费不仅消耗更多的产品，使得生产无节制扩大，所需资源大量增加，从而带来了资源危机，同时也使商品被快速淘汰，变成垃圾，造成了资源的浪费的同时也进一步加重了环境污染，但是社会上长期形成的不良消费生活方式很难在短期内得到纠正。

二、生态经济发展面临的挑战

（一）生态需求递增

人们的生态幸福感提高与否，是衡量生态经济系统是否具有可持续性的一个指标。随着生活水平的提高，人们对生态环境的要求越来越高，对生态要素的关注越来越多,生态需求提高,生态幸福观发生变化。在生态需求提高的同时,只有生态供给得到提高,人们的生态幸福感才能增加。

(二)生态供给紧张

我国工业化、城镇化快速发展的进程中,付出的生态环境代价非常大。城市的工业化和城镇化的高速发展在带动经济增长的同时,也产生了严重的生态环境问题。虽然国家与社会层面普遍意识到这一问题的严重性并采取了一系列的保护生态环境的政策措施,但是我国生态环境的整体趋势仍然不容乐观,甚至影响到了生态经济的可持续发展。传统的工业化、城镇化路径的确会对生态环境造成非常大的压力,也就是说,在当下,生态供给的增加甚至是不减少很难保证。

因此,在生态需求递增,生态供给紧张的情况下,人们的生态幸福感很难提升,甚至会降低,我国的生态经济发展存在很大挑战。

第三章 生态经济的基本原则

由于我国社会经济的迅猛发展，尤其是以重工业经济发展的时期，生态环境遭受到暴利性的严重破坏，带来的环境危害日益凸显。人们不计后果发展经济引发的生态灾害，给人类自身带来无限的隐患。因此，生态经济应运而生。本章分为可持续发展原则、生态经济安全原则、生态经济公平原则、生态经济效率原则和遵循生态规律原则五个部分。主要包括：可持续发展、生态经济安全、生态经济公平、生态经济效率和遵循生态规律的理论内涵，文献梳理，发展理念以及实际措施等内容。

第一节 可持续发展原则

一、可持续发展的内涵

人类发展的实质，就是人类逐步认识大自然和自身问题，并利用大自然资源来改善自身的过程。但人类活动造成的各种危机也伴随着整个发展过程。"可持续发展"概念的提出就是为更好地实现人类社会的和谐发展。人们对"可持续发展"的研究大约起源于 1980 年，它的提出标志着人类环保观念的增强。

所谓可持续发展就是将发展与环境结合起来，发展经济既要满足当下，又不能危及以后。在新兴的发展观中，可持续发展能够在最长时间和最大空间尺度内，为人类谋求最大的福利。

可持续发展是既满足当代人需要，又不对后代人满足其需要造成危害的发展。生态经济着眼于长远，反对以往那种高消耗的经济发展模式。而是要求用长远的眼光通过调整经济结构、优化产业结构等手段来节约社会资源、降低环境破坏，注重发展质量和效益，真正把经济发展的速度和规模控制在环境承受范围之内，让经济发展具有长远性和可持续性，保证发展的代际公平。

自然灾害的发生和生态环境的不断恶化一直是制约我国经济发展的重要因

素。改革开放以来，政府高度重视防灾减灾和优化生态环境的工作，使全国各省的综合能力有了很大的提高。但令人遗憾的是，人类活动如人口数量的严重扩张、社会资本的高度聚集等对环境造成过度的干扰或破坏，使得造成灾害的潜在因素不断增加。同时，灾害蔓延造成的经济和人口等损失越来越严重。因此，在我国可持续发展进程中，亟须研究生态环境、区域灾害和社会经济活动的耦合关系，揭示三者之间的互动规律。

从各个系统的内部出发，从环境保护、灾害应对和经济转型三个方面促进系统的协调发展，则必然会对三系统的良性发展提供坚实的保障。同时，必须慎重地对待发展资源转换经济的模式，否则将会继续破坏当地的生态环境。地区资源型企业应进行产业转型升级，减少资源的浪费，降低污染物对环境的破坏；各省份还应制定更加完善的减灾防灾体系，减少灾害对于地区经济、人口等方面的迫害。正确和全面地理解三个系统之间的相互作用、相互影响的关系，才能在经济发展的同时，运用科学发展观更好地指导人们防灾减灾和保护既有建设成果，向着环境、灾害与经济活动的可持续全面协调发展稳步迈进。

从可持续发展角度研究生态经济。赫尔曼戴利在《超越增长：可持续发展的经济学》一文中指出，"经济活动对其所在的生态系统再生产原材料'投入'和吸纳废弃物'产出'的要求，必须保持在生态可持续的水平上，以作为可持续发展的条件。"

二、可持续发展的背景

党的十九大报告中，对生态问题的重视更加突出，生态文明建设被作为中华民族永续发展的千年大计。"生态民生思想""生态发展思想""生态文化思想"和"生态法治思想"是习近平新时代中国特色社会主义思想。习近平生态思想坚持经济效益、生态效益和社会效益相统一，以人为本和可持续发展的价值原则，为生态经济的建设提供了思想基础和方法论指导。

中国作为资源消耗巨大的后发展中国家，在经济发展的过程中难免地造成了资源的浪费和环境的污染。通过对当代中国生态经济建设现状的分析，总结当代生态经济建设所取得的成就和存在的问题：生态经济保障制度虽逐步建立但仍有待完善，社会生态经济意识虽然逐步提高但对生态经济认识不足和生态消费生活方式未形成的问题仍然存在，生态技术虽然有所发展但仍不能满足当代生态经济建设的要求，生态经济理论和实践在取得一定成效的同时仍需继续深化研究和落实。通过对当代中国生态经济建设现状的分析，我们认清自己的不足和优势，逐步推进生态经济在全国的发展。

三、可持续发展的理念

（一）生态环境改善带动经济发展

转变生态环境发展不能带动经济发展的理念。工业粗放发展对应的发展观念，在东部地区的工业推进进程中，长期属于主导的发展思想，它把经济的增加或者 GDP 的变高作为成功发展的衡量标杆。客观总结，这种发展思维对社会在工业与经济属于初级的阶段中，确实起到了进步的功效。同样，也给大众带来一种观念，要想发展经济必须需要发展工业化，也就是对应工业投资，工业建设等。对于生态环境拉动经济发展的模式较为陌生。生态环境中，绿地面积与造林面积看似与经济的发展没有直接的关联性，但是，与旅游业甚至与第三产业都有很直接的影响。绿地面积的增加可以美化城市，带来较好的空气质量，较高水平的森林覆盖率也是旅游业发达的一个基础，同时还有在已经建设的工业产业中，当下对于污水的处理还有待提高，污水是城市污染的一个重要源头，能够解决好城市污水问题，同样能够节约用水，对经济的发展造成重要影响。

总的来说，绿地面积以及造林面积的增加，工业用水重复使用率的增加都能够带动经济，因为依靠旅游业发展经济是符合生态文明建设的，而上述指标恰恰是能够在旅游业有所贡献的生态环境领域的进步。只有放弃以工业化作为唯一衡量国家发展的评判观念，改变过去经济进步的逻辑模式，建立生态化的发展思维，以此为指针建设新的经济增长发展路径，开创新的生态环境局面。

只有这样才能保住经济与自然的和谐、稳定与可持续发展。当下国家政策以及东部新的发展模式即是"绿水青山"也是"金山银山"，生态的保护与经济的发展属于协同关系，我们需要树立的思路应该是以保护生态的前提之下发展社会经济水平，让人民能够从保护生态中感受到生态为生活提供的舒适与健康，从经济方面也可以得到一定的补偿，收到一定的回馈。

（二）经济发展促进生态环境发展

树立经济发展促进生态环境发展的理念。消费主义提倡的畸形消费是完全违背生态环境约束的、具有不合情理的消费观念，以享乐和不计代价使用资源为特点，是完全不可持续的消费路径。这种使用资源的方式会不计成本的用掉大量的自然资源，间接地破坏生态环境。这种思维也引导着大家，通过消费带动的经济是以消耗生态资源进行实现的。据有关数据的阐述，虽然工业推进较发达的国家人口总量仅占世界总人数的 60 %，但这些人类却用掉了全球大概

70％的资源或者能源。

实际来说，当下国家进行经济结构转型，加大第三产业占比，变相也是对于生态环境的一种保护。服务业占比的提高可以使工业降低，生态环境得到保障。因此，在结合各地区自身特点以及东部地域所走的弯路对应的发展模式，我们必须形成合理、和相对健康的适度消费观念，以此建立生态化的合适消费方式。合适的必要消费是对生态环境和谐的可持续的消费方式，它满足了以人类的基本需求为准线，较好地开发与利用自然资源、能源，极力否定对自然资源的浪费式占有，凸显物质消费后的生态还原，保护好生态系统的原始运行与可持续循环，降低对能源的耗损和环境的破坏，有益于经济和生态环境的可持续的美好发展的观念。这实际上是爱护生态环境的消费模式，是生态文明所体现的，人的合理需求与生态环境相调和的共生性质的消费模式。

（三）绿色环保理念

社会公众建立正确的绿色环保生态消费理念。"两型社会"背景下，社会公众不仅要提升自身的环保意识，更应该站在消费者的角度倡导绿色消费。通过消费行为引导企业生产经营方向。为此需要从三个方面做起：一是转变消费观念。追求资源节约型消费和可持续性消费，提升工业企业生态经济效率，建议看重核心产品的价值，对外在包装上选择简易包装，反对过渡、无必要的包装；二是购买时选择无污染和无公害产品，引导企业生产方式的转变和资金投向的转变；三是对消费后的废弃物进行合理分类，并根据不同的类别合理处理这些废弃物，从而减少对环境的污染。

第二节　生态经济安全原则

一、生态经济安全的内涵

生态经济安全概念是指在人的生活、健康、安乐基本权利、生活保障来源、必要资源、社会秩序和人类适应环境变化的能力等方面不受威胁的状态，包括自然生态安全、经济生态安全和社会生态安全，组成一个复合人工生态经济安全系统。

生态经济安全强调保障生态经济安全的生态系统应该包括自然生态系统、人工生态系统和自然——人工复合生态系统。从范围大小也可分成全球生态系统、区域生态系统和微观生态系统等若干层次。其本质是要求自然资源在人口、社会经济和生态环境三个约束条件下稳定、协调、有序和永续利用[①]。

从低碳发展的角度研究生态经济。甘哈曼认为，面对温室效应带来的一系列经济、生态和社会问题，走低碳化道路是人类继续发展的一条根本途径。

从经济与环境关系的角度研究生态经济。布朗在《生态经济——有利于地球的经济构想》中指出，"现在的问题不是哪一个天体绕另一个天体旋转，而是，环境是经济的组成部分，还是经济是环境的组成部分。经济学家把环境看作经济的一个子系统。生态学家则与之相反把经济看作环境的一个子系统"。

学者们认为，生态经济安全具有整体性、不可逆性、长期性的特点，其内涵十分丰富。在大量研究分析过程中，研究者总结出：生态经济安全的本质有两个方面，一个是生态风险，另一个是生态脆弱性。生态风险表征了环境压力造成危害的概率和后果；而生态脆弱性应该说是生态安全的核心。通过脆弱性分析和评价，可以知道生态安全的威胁因子有哪些，他们是怎样起作用的以及人类可以采取怎样的应对和适应战略。生态安全的科学本质是通过脆弱性分析与评价，利用各种手段不断改善脆弱性，降低风险。

二、生态经济安全的发展背景

随着人口的增长和社会经济的发展，人类活动对环境的压力不断增大，人为地矛盾加剧。由环境退化和生态破坏及其所引发的环境灾害和生态灾难没有得到减缓，全球变暖、海平面上升、臭氧层空洞的出现与迅速扩大，以及生物多样性的锐减等全球性的关系到人类本身安全的生态问题。

现阶段，我国正处在"资源节约型、环境友好型社会"建设的关键时期。虽然从 20 世纪 80 年代以来，我国经济增长取得了令人可喜的成就，但人均GDP 依然较低，经济发展依然是现阶段的主要任务之一。从发达国家发展经验看，工业在一个国家经济社会发展中处于重要地位，因此在现阶段，我国工业企业依然需要大力发展，然而工业企业的发展必然导致资源的消耗和环境的破坏。人们可以发现影响各地区工业企业生态经济安全的主要因素为：水资源投入冗余、环境非期望产出过剩及能源投入冗余。同时，减少这些指标的投入对工业企业生态经济安全效率的降低影响也相对不大。因此，寻求提高工业企业生态经济安全效率的有效方式需要从提高资源、能源利用效率、减少环境污染产出方面着手，提出以下提高工业企业生态经济安全效率的建议。

因此，生态经济安全已经具有重要的战略地位，并构成国家安全、区域安全的重要内容。保持全球及区域性的生态经济安全、环境安全和经济的可持续

---

① 朱伯玉，盖光，陈红兵. 生态法哲学与生态环境法律治理 [M]. 北京：人民出版社，2015.

发展等已成为社会普遍共识。

三、生态经济安全的发展理念

发展观念决定了在实践过程中的生态经济安全保护行动，过去追求经济高速增长的观念导致政府、企业忽视了企业生产对生态环境的作用。继续以这种高投入、粗放式的经济增长方式很显然不能适应现代社会的发展，也不符合"两型社会"发展的要求。因此改变这种传统的观念，树立绿色发展观念，提高工业企业的生态经济安全势在必行，并且应该从战略和战术两个层面做起。

（一）战略层面树立绿色发展观

战略是企业最高管理层制定的未来几年的企业发展规划与发展目标。因此要树立企业绿色发展观，需要从战略层面着手。企业的高层领导必须认识到企业作为社会的一分子，同时也是资源、环境的最重要影响者之一，理应承担起资源节约与环境保护的社会责任，必须从战略的角度杜绝传统的经济利益最大化的观念。在新的形势下，企业从战略的高度树立绿色发展观还有利于企业摒弃短期利益最大化的错误思维，有利于企业实现从可持续发展的角度，保持企业的长期利益，吸引社会各界的眼球，充分利用"两型社会"建设下的有利资源来发展企业。反之，企业继续仅仅从经济利益出发，不仅会因为违背社会发展目标而受到政府的惩罚，而且也会因为过度消耗自然资源，破坏环境而受到自然环境的惩罚，企业的长久发展将得不到保障。因此，需从战略的高度树立我国企业绿色发展观念。

（二）战术层面执行绿色发展观

战略层面树立的绿色发展观，这种观念的建立需要在战术层面有效地执行。在执行过程中，应该分为两个方面进行：一是在生产经营的各个环节中建立企业的效率观，通过效率的提升降低企业的生产成本，提升企业的生产经营效率；二是建立"节约型与环保型"生产理念，通过企业流程再造，利用高科技设备，优化企业生产经营的各个环节，确保资源利用效率达到最高，环境污染排放最少。

四、生态经济安全的实际措施

（一）加大财税支持

加大对"两型"产业的投入，充分发挥财税政策在提高工业企业生态经济安全中的作用。

1. 财政政策

①政府在宏观层面为"两型"工业企业建立基础设施，引导"两型"工业企业的发展。

②对高新技术企业、清洁生产、废物利用等项目进行财政补贴，降低其贷款利率，放款还款条件，加强扶持力度，解决资金不足问题，扩大生产规模，降低产品的单位成本。

③促进高耗能工业企业采用高新技术，提高资源利用效率，降低污染物的排放。

④施行绿色采购，政府在采购过程中，建立绿色采购制度，加大对绿色产品的采购力度，通过市场机制促进企业向"两型"方向转型。

2. 税收政策

应充分发挥税收的杠杆作用，减、免符合"两型社会"发展的企业税收，而对于排污严重、资源利用效率低下的企业增收较高的惩罚性税负，驱动企业资金向"两型"产业方向投资。具体可以从以下方面开展工作。

①对重点污染企业和项目征收生态税，促进他们自觉减少污染物排放。

②在增值税上，减免符合"两型"方向的工业企业和以"三废"为原料的环保型企业产品的增值税。

③在所得税上，对符合"两型"发展的产品降低企业的所得税，允许企业加快旧设备的折旧，促使企业利用高科技设备，提高能源的利用效率，降低污染物的排放；对以废物回收利用的工业企业在一定期限内减免企业所得税，加快这些企业的发展；而对于资源型企业，征收较高的所得。

④在进出口关税方面，对于企业从国外采购高新技术设备可以降低进口关税，鼓励企业采用高新技术设备，而对于污染环境、影响生态的进口产品或资源型出口产品，征收较高的进、出口关税，同时降低，甚至免除退税制度。

⑤在消费税上，对于对生态环境产生重大负面影响的产品征收较高的消费税，而对于环保型产品征收较低的消费税，引导消费者施行绿色消费。

最终，通过以上的财政与税收政策，形成以政府财政资金为主导，企业、社会资金为主体，税收政策为驱动力的"两型社会"工业企业生态经济增长模式。

（二）制定价格政策

商品的价格是由其内在价值决定，并由供给双方相互博弈的结果。虽然市场经济有一双无形的手左右商品的价格，并反过来影响供需情况，但它也不是万能，在市场失灵时需要政府这双有形的手加以指挥。通过研究，人们很直观认识到影响企业生态经济安全的主要原因之一是资源投入冗余与能源投入冗余。要解决这一问题，有效的方法之一就是提高工业使用资源的价格，但为了不影响企业的正常生产所需，可以根据产能对不同的行业，不同的企业制定计划用量，对计划内使用实行正常的价格，而对于超出计划的部分实行较高的价格，对此可以利用阶梯价格制，通过不同用量实行不同的价格促进企业节约使用，提高资源的利用效率[①]。

在能源利用方面，同样可以实行阶梯价格制，目前我国在电能方法正准备实行这一制度，而对于其他如石油、天然气等能源尚未施行，为加快企业生态经济安全效能的提高，促进"两型社会"目标尽快实现，应加快资源与能源阶梯价格的制定，通过价格机制，引导企业节约用水、用电等，采用高新技术设备提高资源的利用效率。

（三）实施清洁生产

不同的国家在不同的发展阶段对清洁生产的解释也不尽相同，《中国 21 世纪议程》将清洁生产的含义概括为两个方面：一是满足人类需求这一目的；二是合理利用资源、能源，同时不对环境产生破坏。

实施清洁生产主要包括三个方面：一是清洁能源，这是从投入角度考虑的，即尽量利用风力、太阳能等清洁能源；二是清洁生产过程，这是从生产环节考虑的；三是清洁产品，这是从最终消费角度考虑[②]。

第三节　生态经济公平原则

一、生态经济公平的内涵

（一）生态经济公平的含义

生态经济公平是生态经济文明的重要理论支点和实现方式。生态经济公平实际上是对不同主体在利用自然资源过程中的损益程度的评测。也就是说，在自然面前，有的人利用自然资源获益多、付出保护自然的投入较少，相反有的人并没有在自然资源中较多获益，却要承受超出其能力的负担。于是，便产生

① 杨英杰. 做优国企改革新读本 [M]. 北京：清华大学出版社，2017.
② 马波. 论生态风险视域下政府生态安全保障责任之确立 [J]. 法治研究，2013(04):55-61.

了生态公平的问题。

从根本上说，生态经济公平就是人类在利用、保护自然资源方面承担着共同的责任。主体对于自然的开发和补偿应是对等的，谁在资源共享上获益多，谁对自然资源保护责任也更大。

（二）促进生态经济公平的方法

经济学方法是解决生态环境不公平问题的必然途径。无论是群体间生态环境不公平问题还是区域间生态环境不公平问题，都是源于人类社会通过经济活动追求经济发展利益所造成的。以经济学方法讨论各个层次利益主体之间如何实现公平享有自然资源与环境利益、公平分配使用自然资源与环境容量、公平承受环境破坏以及自然资源枯竭的后果、公平分担生态保护和环境维护责任、公平分担生态环境治理成本的生态经济公平问题，是必然途径。经济发展和环境保护经常存在"地域分异"特性，造成了区域之间存在一定的"不公平性"，应用经济的手段对生态建设"埋单"，也就是生态补偿，被大多数人认为是协调区域经济与生态"不公平性"、确保生态环境建设得以可持续的重要措施之一。

1. 建立生态补偿途径

人们针对生态补偿途径，进行多角度系统分析。以环境资源产权理论为指导，理清生态补偿机制中相关主体的利益关系和主体地位是提高区域间生态补偿绩效的基础。一是，继续保持政府监督，引入市场手段论证实施区域生态补偿；二是分清保护性和破坏性生态资源利用行为，以有效措施补偿资金、优化补偿资本来源；三是各地区流域内人口、资源、环境等各方面特点不同，采取不同的侧重点；四是加强针对生态要素的立法，如土壤保护法、清洁空气法等，建立健全法律制度，保障流域生态补偿的有效进行。

生态补偿是区域间平衡生态经济的平衡发展和平等利用率的一个重要路径，也是能够逐渐减缓生态经济区域间失衡问题的方法。在区域间使用好生态补偿方法，还需要国家宏观政策的同一协调，配套扶持政策和监管机制的建立。

2. 拓展生态税收效应

环境税是生态补偿制度得以有效实施的重要经济手段之一，当前这一税种改革使生态税效应研究成为热点。生态税收问题的研究将集中在三方面。

一是拓展经典理论（如"双重红利"理论）。

二是开展经验分析，结合模型对不同国家的环境税和不同税种的实际数据进行分析，考察现实中环境税的作用和决定因素，为理论研究和政策选取提供依据。

三是丰富宏观方面的视角，同时注重微观方面的理论研究。如环境税具体措施的可操作性、环境税理论与实践之间的联系、环境税与其他环境政策的关联作用机制，以及不同市场结构下市场微观主体的行为研究。

二、生态经济公平的发展背景

（一）发展背景

人们之所以提出生态公平问题，就是因为在人与自然的关系中还存在着明显的不公平现象，这表现在以下几个方面：一是利用与补偿的错位，工业污染带来的经济利益，与生态破坏给人们带来的危害；二是发达国家和发展中国家在利用自然上的不公平，据统计，发达国家人口只占世界人口总数的 1/4，但它们的资源和能源消耗竟然占世界总量的 3/4；三是人们对生态公平的理念尚没有完全建立，随着经济社会的发展，人们对经济和政治的领域公平问题特别关注，尽管环境问题已引起了普遍的关注，但人们大部分还停留在一般性的议论中，还没有对环境背后的深层次原因做出更加深入的分析，还在追求经济利益最大化。

经济霸权并非一开始就存在着的，它是人类社会发展到一定历史时期的产物，由于世界经济发展的不平衡，使得某些国家或地区凭借其压倒性的优势如：政治、军事、经济等在国际经济体系中占据了主导地位，并以自己的意愿操纵和支配世界经济体系，从而谋得更多的经济利益。而生态平衡、公平问题则是指人类在与自然界交往的活动中，由于对于自然界的过度开发而导致的局部地区甚至整个生物圈结构和功能的失衡，从而威胁人类生存的灾变。

经济霸权与生态公平之间矛盾的日益尖锐，可以说是社会生产力水平发展到一定程度但还不够充分发达的结果。一方面，正是生产力的发展形成了世界市场和经济一体化趋势，使生产力得到率先发展的资本主义国家获得了先天的经济优势，凭着生产力发展水平的领先的优势，发达资本主义国家更多的通过经济手段而非原始资本积累时期赤裸裸的战争殖民手段来获取经济霸权，使其经济掠夺更具隐蔽性。因而，在某种程度上讲，世界生产力发展水平的不均衡乃是某些资本主义国家获得经济霸权的基本前提。另一方面，随着生产力的不断提高，人类作为自然界的主体，在与自然界物质交换过程中，通过自身的活动不断掌握了自然规律和科学技术，制造出更先进的生产工具，扩大了生产活动的空间，增强了改变自然界的能力，也加速了自然物质发生物质变换和物质转移的进程。然而物质变换和物质转移一旦超过自然界本身能够负荷的限度，那么原有的生态平衡也就必然被这种自然界的改造所打破，引发自然界物质新陈代谢的断裂，进而产生了各种各样的生态问题。

（二）原因分析

从根本上说，在世界历史进程的推动过程中，资本主义国家生产力水平不断得到提高，资产阶级对商品剩余价值追求欲望的日益膨胀，迫使其生产活动的空间不断扩大，必然跨越国界。为了更多地满足自身利益和发展需求，即便是发展主体存在经济冲突，除了在国内无限制地向大自然索取资源，还通过各种方式攫取对世界范围内更多资源的控制，变相掌控其他国家和地区的经济命脉，逐步地实现了对全球经济的控制，也就形成了当前经济霸权与生态公平之间的矛盾。随着这一矛盾的日益复杂尖锐，势必严重破坏人类与自然的平衡。

一方面，经济霸权不仅通过对资源的疯狂掠夺产生了世界生态问题，而且为了自身的经济发展，还往往以发展中国家存在生态平衡问题为借口，以保护环境和生态平衡为理由，要求发展中国家减少或停止其赖以生存和发展的生产活动，为他们进一步抢夺市场、掠夺资源留下更大的空间，同时借以转移视线、推卸责任并依照自己的经济发展优势，打着保护生态平衡和自然环境的旗号，制定有利于自身国家发展的全球经济发展规则，使得发展中国家更加剧了发展与生态平衡、公平之间的矛盾。

另一方面，生态恶化的加剧不仅影响发展中国家的经济发展，而且也制约经济霸权国家经济的发展，最终更加剧了经济霸权与生态公平之间矛盾的恶化。抛开纷繁复杂的表面现象，从生态公平问题的根本性原因出发，以历史唯物主义的态度来审视经济霸权与生态公平的关系，首先必须不断进一步实现生产力的发展，调整国际生产关系，建立国际经济新秩序，在反对经济霸权的同时，使得发达国家更多地承担起生态平衡、公平问题的责任，一方面减少对于自然资源的掠夺，另一方面，应该更多地加大生态维护与治理的力度，更好地推动整个世界的和谐与生态文明的发展。

生态环境不公平是区域协调发展最值得关注的问题。相对于经济不公平，生态环境不公平是区域协调发展更加值得关注的一个问题。生态环境不公平与环境损耗之间会形成相互促进的恶性循环，不断走向生态环境危机。

三、生态经济公平的地位作用

（一）构建生态文明的理论前提

生态经济公平是构建生态文明的重要理论前提。生态文明的核心就是如何协调人与自然的关系。

生态经济公平需要人类建立生态文明保护道德意识，进行生态文明的经济和生活方式，深度融合生态环境，减少破坏环境的污染行为，促使人与自然间的可持续循环互补的存续发展方式。

（二）构建生态文明的主要任务

生态经济公平是构建生态文明的主要任务。构建生态文明是一个复杂的系统工程，其主要任务有三点：一是构建文明的生活方式；二是解决污染问题；三是促进人与自然的可持续发展。

人类赖以生存的地球环境从原始的生态平衡系统，被人类附加了更多的可变量，使得生态环境成为复杂结构的生态经济环境。无论国家还是企业，在做大做强的初级发展阶段，都是以逐利为目标，利用简单粗暴的发展方式进行经济增长，无疑生态系统的保护就被漠视。然而，由于历史战争原因，区域经济发展水平，社会自然发展水平的差异，人们在利用生态环境的程度上也是出现差异。基于以上因素，生态经济公平的倡导不仅是人们在利用生态环境发展经济间的公平，更是人类在维护生态环境和发展经济之间的平衡、平等。

（三）构建生态文明的重要目标

生态经济公平是构建生态文明的重要目标。马克思主义认为，人的全面自由发展，是人类社会发展的终极目标。生态文明是继原始文明、农业文明和工业文明之后，人类文明发展的新阶段。诚然，生态环境是社会发展的基础，如果没有良好的生态环境作为支撑，那么社会文明注定无法长久延续。从社会历史发展的角度来看，古代四大文明的兴盛在很大程度上都依赖自身良好的生态环境；而古楼兰、小亚细亚等社会文明的消亡也相当程度归咎于过度开发土地而造成的自然灾害。虽然生态环境对人类文明的制约效果随着人类进入工业文明以后逐渐降低，但不可否认，人类文明将来无论发展到何种地步都无法彻底摆脱生态环境的制约，而生态环境的优劣更是直接与社会文明的存亡息息相关。

新时期学习型、创新型社会形态中，一切围绕社会经济开展的人类活动，这就要求人类自身有更高的道德标准。生态文明的建设是人类道德健全完善的一个缩影。人类除了对自我生活改善提高的需求有关注，还应该放眼可持续性发展的长远生态经济利益。生态经济公平的追求探索就是人类不断完善发展经社会道德意识的一个过程。

第四节 生态经济效率原则

一、生态经济效率的内涵

（一）生态经济效率的含义

生态经济效率，顾名思义，就是生态所产生的效率与经济所产生的效率的有机结合，即包含了人们在付出劳动后得到的有形的效益产品[①]，也包括对人有用途的无形的效益产品。在实际生产过程中，生态经济效率不仅包括两者相结合所产生的效益，还包含两者相离散所产生的效益。为了提高劳动效益，人们要尽可能地发挥两者相结合时所带来的有效效益，避免两者离散所产生的消极效益。

早在 1992 年，生态经济概念就被世界可持续发展工商理事会提出来，但没有对其给出具体的概念。1999 年，世界可持续发展工商理事会对其做了定义：生态经济是为了向人类提供具有竞争性的商品与服务，同时逐步降低其对生态和环境的影响，并保证这一影响在生态环境承载力范围内，以此确保人类实现长期的可持续发展。

目前国内多数文献将"Eco-Efficiency"译成生态效率，但是，这种翻译可能存在误解，有可能将生态效率仅仅理解为自然界中与动物和植物等生态系统相关的效率。其实"Eco-Efficiency"可能更多的是生态社会、经济活动对自然界影响的效率。因此，"Eco-Efficiency"应当译为"生态经济效率"更为妥当。

在世界可持续发展工商理事会首次对生态经济效率定义以后，不同的国家和地区在不同的背景下对其也有不同的定义，例如欧洲环境署对生态经济效率的定义为：单位环境付出所带来的经济产出。因此，他们认为可持续发展的目标就是降低单位经济增加值所付出的环境影响。

目前对生态经济效率的定义公认度较高的是生态资源满足人类社会发展的效率，也就是将生态资源作为投入指标，将人类社会发展作为产出指标，所测算的投入与产出的比。其中投入为生态资源即能源、水资源、原材料等资源及人类在生产或消费过程中对环境的破坏，如工业"三废"等，而产出主要指经

---

① 匡远配. 两型农业的理论构建和模式创新 [M]. 北京：人民出版社，2017.

过企业生产加工所产生商品或服务。其核心为"以少产多"，因此，对于企业来说就是要利用最少的资源投入产生最多的产品或服务，同时最少地降低对环境的破坏程度。根据这一定义，生态经济效率的公式为：

生态经济效率＝产品或服务的价值／对环境的影响

（二）生态经济效率的评价

1.生态经济效率评价思路

通过对世界可持续发展工商理事会和国内外关于企业生态经济效率的研究进行归纳和总结，可以认为企业生态经济效率就是使用尽量少的资源，生产出尽量多的产品或服务，同时降低对环境的不利影响。为此，企业生态经济效率研究给出以下研究思路。

首先，构建评价的指标体系。指标体系的建立是后续评价的基础，建立有效的评价指标体系对评价结果有效与否起着直接的影响。选择指标体系的原则为：全面性，所选指标体系应该尽可能地包含生态经济效率的各个方面，不能有遗漏；代表性，企业生态经济效率含义较丰富，因此对应的指标可能比较多，但未必每一个指标都需要利用，所选指标应该能够代表各个不同的方面即可；数据的可获取性，在后续的研究中所选指标的指标数据是否可以获取，这将直接影响后续研究是否能顺利开展下去，因此所选指标的指标数据应该能够通过权威渠道获取。

其次，评价方法。目前关于企业生态经济效率的评价方面较多，如对指标进行综合评价的层次分析法和模糊分析法等；也有将指标分为投入产出指标，从投入产出的角度进行分析的数据包络分析法等，这些方法各有利弊。选取不同的评价方法对后续的研究也至关重要。同时，已有的这些评价方法在特定的环境下是否适用，是否需要进一步改进，对评价结果影响也较大。

再次，数据的收集与处理。在上述指标体系、评价方法构建完成后，需要对数据进行收集，同时为保障评价方法能够顺利运行，需要对数据进行初处理。

最后，实证研究、结果分析及建议。在以上准备工作做好后，可以对评价对象进行实证研究，并从不同的角度对评价结果进行分析，以找出降低企业生态经济效率的原因之所在，并根据这些原因从不同的层面提出合理化的意见与建议。

2.生态经济效率评价方法

企业生态经济效率评价的方法很多，主要可分为三类：经济－环境比值评价法、指标分析法和模糊评价法。第一类的经济－环境比值分析法来源于世界可持续发展工商理事会对关于企业的生态经济效率的定义：企业生态经济效率＝企业的产品或服务／环境影响，代表性的研究学者运用该分析法对企业生态经济效率进行评价；第二类的指标分析法主要有主成分分析法、层次分析法等；第三类的模糊评价法主要有能值分析法和数据包络分析法等。

这三类评价方法各有优缺点，既符合世界可持续发展工商理事会对企业生态经济效率的定义，同时也较符合企业的生产过程，企业在生产过程中，通过资源、原料的投入，产生出具有经济效益的产品或服务，同时也产生出对环境有害的污染物。而数据包络分析评价方法也正是计算投入与产出的效率问题，与此相对应。数据包络分析法具有较好的灵敏性和可靠性，可以将不同的评价单元的效率值区分开。在评价企业生态经济效率时，各评价指标之间量纲不尽相同，而数据包络分析法对量纲无任何要求，无需对量纲进行处理，保持了数据的完整性。

（三）发展成果

近些年随着国家可持续发展战略和"两型社会"发展战略的提出，国内学者对生态经济效率也做了不少研究，总体来说可以概括为三个方面。

1. 对概念做探索性的思考

从生态经济效率的概念进行探索性的研究，梁嘉骅等认为，企业生态系统由经济、社会和自然生态系统组成，企业要想在生态系统中顺利生存，并提高生态经济效率，必须适应这三个系统，并不断优化企业与它们三者之间的关系，因为它们对企业将产生深远的影响；刘正彪等从企业战略的角度进行了阐述，认为企业生态化战略就是按生态系统原理来谋划企业经营和管理活动，其实质就是企业生产系统与环境系统的协调发展[①]。

2. 对生态经济效率进行评价

从生态经济效率的体系进行评价，如王军莉将企业的经济目标与环境目标联合起来，分别从财务指标和环境指标两个方面对企业的生态经济效率进行了评价，突破了传统会计指标的局限性；魏光彩基于环境成本管理理论，从经济与环境两个角度出发，提出企业寻求双赢格局；安小会等从经济角度、绿色角度、资源、环境污染、物质循环及发展潜力六个方面建立企业生态经济效率的评价指标体系。

---

① 张建玲.资源、能源和环境约束下的生产函数模型及实证研究 [J]. 工业技术经济，2010, 29(03):62-66.

3. 提高生态经济效率的机制

关于提高生态经济效率的建议，如董战峰认为政府在企业生态化的过程中起到非常积极的作用，其主要是从宏观层面起到宣传作用，搭建循环经济平台，制定符合生态经济的相关法律法规，影响市场价格向有利于企业生态化的方向发展等；杨文选等认为必须从企业内部和外部两个层面建立企业生态机制，其中内部机制主要包括生产和管理两个方面，而外部机制主要包括法律机制、宣传教育机制、财税机制等；丘媛媛首先对国外企业生态经济效率进行研究，然后结合国内现状建立我国企业生态经济效率的模型，最后对企业实施生态化战略的规划、机制及后续实施结果提出了有益的建议。

二、生态经济效率的发展理念

赫尔曼舍尔从新能源的角度研究生态经济，其在《阳光经济：生态的现代化战略》中提出"世界文明只有不遗余力，立即转向采用可再生的、同时是自然可以负担的资源，摆脱对生化资源的依赖，才可以从已经存在的生化资源陷阱中逃脱出来……阳光型世界经济通过利用阳光型能源和阳光型原材料，可以满足对能源和原材料的总体需求。"

郝文斌从生态经济发展的路径做了分析研究，其在《生态经济发展的理论基础与实践路径》中从完善生态经济规划、加快生态园区建设、推动城乡生态经济协同发展、改变资源型经济发展模式、健全生态经济法律制度五个方面说明了我国发展生态经济的路径选择。周阿利认为，我国发展生态经济的路径应从树立生态经济理念、创新绿色科技、优化产业结构、引入市场机制、建立健全法规制度等方面着手。

基于我国的实际特点、优势，以及对区域性地区生态经济系统因素的分析，人们公认应该构建生态与经济互促的制度与政策。研究发现从经济方面来看，对协调度影响最重要的是第三产业的比重以及经济与生产力的总量，GDP 以及人均 GDP。为了更加有效地促进地区生态环境与经济的和谐发展，政府各部门应本着合理开发利用资源、保护生态环境、让人民能够切实体会生态保护后，生态环境对大众生活以及工作的影响，树立保护生态环境的意识，这样才能在制定相关保护生态环境的政策之后方便在人民中开展，保护生态环境的前提下提高人们收入的同时做好切实落实相关政策，坚持可持续发展为底线的发展路径，充分发挥好政府的职能性作用。

政府也可以制定建立碳交易所等相关的政策，将保护生态作为一种价值来进行交易，在保护生态环境中贡献较多的企业可以将生态保护份额卖给对于生态环境保护建设贡献较少的企业，达到企业在保护生态环境过程中有利可图，这样才适合生态与经济的长远互促发展。同时在大力发展生态环境与经济结合产业的时候也一定要注意破坏生态环境的"来源"，从根本上阻止对生态环境进行破坏以换取经济发展的方式。

第五节　遵循生态规律原则

一、遵循生态规律内涵

一是多样性导致稳定性的规律。一个稳定的高生产力生态系统，多样性必然高度富集，包括物种多样性、生境多样性、功能多样性，系统的稳定性和安全性也因此才能得到保障。

二是能级转换与系统平衡规律。绿色植物通过光合作用将太阳辐射能转换为生物质能，食草动物将绿色植物的生物质能转换为碳水化合物和蛋白质，草食动物又成为肉食动物的食物来源。

三是生态环境系统的自我调节和修复机制能够使生态系统资产保值增值。

四是生态环境系统的阈值规律。生态环境系统各要素的数量和质量，存在一个阈值区间。明确空间管控边界、划定生态保护红线、建立国家公园，这些空间边界就是考虑生态系统阈值的刚性而科学划定的。保护不等于不利用，符合生态环境规律的利用实际上也是一种保护。

二、遵循生态规律思想

五千年的中华文明给我们留下了丰富的文化遗产，而中华优秀传统文化更是其中的瑰宝。习近平指出："优秀传统文化是一个国家、一个民族传承和发展的根本，如果丢掉了，就割断了精神命脉。"因此，在建设新时代中国特色社会主义的过程中，我们不仅要坚持马克思主义的伟大旗帜，还必须用辩证的眼光看待中华传统文化，分析其中的精华和糟粕，深深地植根于中华优秀传统文化的沃土中，汲取其中的营养。中国古代传统生态思想丰富而深刻，直至今日，这些思想仍然值得我们去深入挖掘和借鉴[1]。

"天人合一"思想。在人与自然的关系问题上，先秦思想家认为自然有其本身的规律，人类应该遵守自然规律，在顺应自然的基础上改造自然。孔子创

---

[1] 刘建成，刘柏炎，范珍明. 习近平文化自信重要论述的形成依据、理论精髓及实践路径 [J]. 重庆第二师范学院学报，2020,33(02):5-9+127.

立的儒家学说遵从"仁爱"思想，在人与自然关系问题上，孔子曰："天何言哉？四时行焉，百物生焉，天何言哉？"（《论语·阳货》）意思就是天从来不说话，但是四季更替和万事万物的生长都是自然而然的，此乃"天命"。孟子继承孔子的思想，并提出了"性善论"和"民贵君轻"的民本思想，在人与自然关系的问题上，它同样主张顺从自然规律，不违农时。"不违农时，谷不可胜食也；数罟不入洿池，鱼鳖不可胜食也；斧斤以时入山林，材木不可胜用也。"（《孟子·梁惠王》）荀子主张"制天命而用之"的学说，同样是对孔子和孟子关于人与自然关系思想的继承与发展，"大天而思之，孰与物畜而制之？从天而颂之，孰与制天命而用之？望时而待之，孰与应时而使之？因物而多之，孰与骋能而化之？"（《荀子·天论》）老子创立的道家思想主张"天道无为"和"道法自然"，在人与自然关系的问题上，老子认为，人、地、天都统一于道，而道要遵守自然的法则。"人法地，地法天，天法道，道法自然。"（《道德经》）而天道无为和无为而治，并不是让人们无所作为，恰恰是要求人们在尊重天道自然的基础上，更紧密地与自然合作。庄子继承老子的思想，提出"天人合一"，在人与自然关系的问题上，庄子认为人类和自然并不是相对立的，而是一种亲和的关系。"天与人不相胜也，是之谓真人。"（《庄子·大宗师》）。

三、遵循方法

（一）循环经济

循环经济的目的就是降低污染的排放、甚至达到零排放，提高资源的使用效率，以实现发展经济的方式，它以物质流与能量流的闭合环为特征。大力发展循环经济就是通过循环利用提高资源的使用效率，从而有效地缓解甚至解决人类日益增长的物质文明的需要与有限的资源、环境污染之间的矛盾。是依循生态的发展规律，建立起来的资源、能量循环经济系统，以符合生态规律，从而减少对生态环境的过度浪费和破坏。

循环经济早在西方国家就有所研究，但直到1990年在《自然资源与环境经济学》中才将这种循环生产的生产方式定义为循环经济。循环经济是实现清洁生产、资源节约的有效手段，符合"两型社会"发展的标准，也是实现"两型社会"的重要手段之一。传统上，人们将物质流看成为单一的、开放的，即"资源—产品—废物"，但循环经济的生产模式改变了这一思维模式，将其变为封闭的物质流，即"资源—产品—废物再资源"。传统上的开放的、单一的生产方式将资源与能量看成单次利用，资源的利用效率必将大大降低，同时也伴随着高投入、高消耗与高排放①。而循环经济生产模式将前一物质流中产生的废物视为下一生产过程中的资源或原材料，这必将大大提高资源的利用效率，同时也可实现低投入、低消耗和低排放甚至零排放的目标，从而实现了资源节约、环境友好及社会发展的多赢格局。

发达国家的经验表明，循环经济是"两型社会"建设的有效途径之一，同时也是提高资源利用效率，降低污染物排放，提高企业生态经济效率的有效方式。因此，我国需要大力发展循环经济。然而，循环经济的建立具有不同的层次，有企业内部分小循环，也有企业之间的大循环，而大都是企业之间的大循环，但这并不是某一个企业或两个企业就能完全做到的，需要政府进行统一规划与引导。循环经济产业园是实现企业之间大循环的有效途径，政府可以通过对园区内企业在空间位置上统一布局，吸引产业链上下游不同的企业进入园区，通过园区内企业之间的循环达到提高资源利用效率、降低环境污染物的排放，同时，由于统一规划，有利于规模经济与外部经济的实现，从而降低企业的成本，激发企业的积极性。

循环经济生产模式中，要求人们对从生产到消费的标准进行系统地思考，经过不断的完善与补充，其准则由传统的3R标准：减量化、再利用、再循环发展到今天的"5R"标准，即在前面的"3R"基础上增加了再思考和再修复。

在现实中，循环经济包括三个层次上的循环：一是企业层面上的微观循环、二是区域层面上的中观循环、三是社会层面上的宏观循环。其中企业层面要求企业实现清洁生产，提升资源利用效率、降低污染排放；区域层面要求区域建立生态园或产业园，促进企业之间、行业或产业之间实现物质和能量的循环，变废为宝。社会层面是循环经济最大范围的循环，它要求产品从生产到最终消费，再由最终消费的废弃物得到合理利用。

（二）生态系统服务价值

经济的快速发展虽然提高了人们的物质生活水平，也在相当程度上损害了生态系统，人们赖以生存的土地越来越多用于城镇化建设，以至于人们所生存的生态环境往往处于恶化的趋势中，虽然在个别区域存在人类经济活动与生态环境保护的双赢可能，但整体来看，这种情况越发稀少，这就使得生态系统服

---

① 任建兰. 区域可持续发展导论 [M]. 北京：科学出版社，2014.

务价值的研究对于指导未来人类活动以及经济与生态的协调发展更加重要[①]。目前，我国社会经济已经步入中高速发展新阶段，将生态系统服务价值应用于生态经济的协调发展是遵循生态规律的实际体现。

1.国外生态系统服务价值的发展

关于生态系统服务最早的研究要追溯到 20 世纪 60 年代，国外学者展开了对野生生物服务的研究。《人类对全球环境的影响》书中首次使用"Service"表达生态环境的服务功能，并将环境服务区分为渔业、土壤形成、水土保持、气候调节等方面。后来，学者们将生态系统服务定义为生态系统对人类社会的影响及其效用，生态系统服务的概念和内涵逐渐得到人们的关注和认同。1997年，关于生态系统服务价值的研究取得巨大进展。生态系统服务被定义为：生态系统及其过程所提供给人类的生存环境与效用，把人类从生态服务功能中直接或间接获取的生态系统产品和服务统称为生态系统服务，并进一步细分为气候调节、水供给、废物处理、文化等 17 个类型，估算了全球 16 个生物群落生态系统服务的经济价值。他们的开创性研究引起了公众、学者、决策者的关注，生态系统服务成为学术界研究的前沿热点问题，引发了研究生态系统服务价值的热潮。

2.国内生态系统服务价值的应用

相对国外研究，国内生态系统服务研究的开展较晚。直到 1997 年之前，国内还仅有少量单项生态系统服务的研究，如侯元兆等从林木和森林环境资源所包含的土壤保育、水源涵养、固碳供氧、保育生物多样性、旅游效能、净化效能等对中国森林资源价值进行了粗略估算，而对生态系统服务内涵的认识和综合价值评估尚存在较大空白。欧阳志云等将生态服务价值研究引入我国，较为全面的概括了生态系统服务功能的内涵及其价值评价方法，并运用市场价值法等方法评估了中国陆地生态系统服务功能及其间接价值，在填补国内空白的同时也为国内研究的开展提供了指导和帮助[②]。谢高地等进行了为期 3 年的问卷调查，对耕地估值偏低、对湿地估值过高等问题的基础上，制定出中国陆地生态系统当量表，形成了新的价值评估体系，并科学评估了青藏高原生态系统服务价值。该研究成果得到了国内许多学者的认可，其研究方法被广泛运用。如陈美球等人利用 GIS 技术研究了赣江流域上游的生态系统服务价值，发现不

---

① 史小英. 化学工业循环经济分类及发展模式 [J]. 粘接，2019, 40(06):136-138.

② 卢小丽. 基于生态系统服务功能理论的生态足迹模型研究 [J]. 中国人口·资源与环境，2011, 21(12):115-120.

同时间段的价值量变化存在显著差异，且各类功能的价值量也处于较大波动中；赵敏敏等人研究了政策对于内蒙古杭锦旗生态环境的影响，发现生态政策有效地提升了当地的生态系统服务价值，水土保持等服务功能得到加强。上述研究的陆续展开表明中国的许多省市、流域等的生态系统服务价值得到了有效的评估，对于区域生态环境的改善有着积极意义。

第四章 生态经济系统的结构与功能

生态经济系统并不是单一的各个子系统的随机组合，它是一个由生态、经济和社会三个子系统相互交叉作用影响的非线性特征的复合系统。本章分为生态经济系统的组成、生态经济系统的结构和生态经济系统的功能三个部分。主要包括：生态经济系统的特点、生态经济系统的构成原理、生态经济系统的结构特征、生态经济系统的类型以及生态经济系统的生态经济平衡、可持续发展的功能等内容。

第一节 生态经济系统的组成

一、组成内涵

（一）生态系统的组成

生态系统由无机环境和生物群落组成。无机环境是生态系统中的非生物构成部分，指非生物的物质和能量，包括阳光及其他所有构成生态系统的基础物质：水、无机盐、空气、有机质等。生物群落是生态系统中的生物组成部分，包括生产者、分解者和消费者。生产者是生态系统的主要成分，包括各种绿色植物，也包括化能合成细菌与光合细菌。分解者是生态系统的必要成分，它们是一类异养生物，以各种细菌和真菌为主，也包含屎壳郎等腐生动物。消费者是以动植物为食的异养生物，它们通过捕食和寄生关系在生态系统中传递能量。

生态系统一般可分为自然生态系统和人工生态系统。自然生态系统包括水域生态系统和陆地生态系统。陆地生态系统又可分为热带雨林、针叶林、荒漠、资源生态系统；水域生态系统有湿地、海洋生态系统。人工生态系统则可进一步分为城市、城郊生态系统等。

（二）生态经济系统的组成

生态经济系统是一个复杂的复合系统，有经济和生态以及技术三个系统相互作用，相辅相成得到的，人类的一切活动都在这个系统中，是人们赖以生存的载体，所有的经济活动离开了这个系统都是无法进行的。这个系统中的生态系统，是指整个生物群落以及其生态环境，并且能反映生态的生产与再生产的循环的特点。这个系统中的经济体系，主要是指在系统中进行的一切经济交换，并反映经济的生产与再生产的循环的特点。系统中的技术系统，是指将技术作用于生态与经济系统，反映了生态和经济的生产与再生产之间的循环特点。生态经济系统不是生态、经济和技术三个系统简单的叠加在一起，而是三个系统互相影响，互相融合。在这个系统中，生态决定了潜在的生产力，而经济则是现实生产力的基础，从而可以看出，经济能够支配生态使潜在的生产力变成现实的，而技术正是决定了经济以何种方式来支配生态，决定了支配后所产生的效果。

生态经济系统指标内容互相存在一种客观存在的非静态耦合式的联系，这种耦合联系不仅仅是一个外部连接向的、非简单性质的、非均衡的、具有完全非线性互相影响和自我构建管理能力的完全动态增减网络系统，同时还是以人的行为活动（类似旅游开发和生态建设，生态环境的毁坏与优化）为桥梁，以区域性地区的特点耦合模型而构成的，完全保持有鲜明交织的系统。通常来说，系统越高级，构造就越复杂，排列秩序也更多元化，系统就更稳健，总体功能就更强大

二、生态经济系统的特点

（一）生存竞争

自然生态系统中物种的终极目标是生存，适者生存，不适者淘汰；所以是谁更强大更厉害，谁就得以生存发展，甚至不断壮大。但是生态经济系统就不一样，它是以利益为目的，它们能否生存下去很大程度取决于企业获得的利润。

（二）共同进化

生态经济系统中的企业是同进退同发展的。企业要想发展，必须与系统中的其他企业积极合作，甚至联合成一个整体共同求生存谋发展。所以，生态经济系统中的所有成员团结起来，互相依赖互相帮助，才能促成整个生态经济系统的共同繁荣。

(三) 群体关系

自然生态系统中各物种是经过不断的遗传、繁衍、演变才形成如今的这个共生现象，所以它们之间关系十分牢固，不易摧毁。但是生态经济系统中的联合体之所以聚在一起是因为它们之间存在利益关系，一旦利益消失，联合也将瓦解，而且联合体之间还存在十分激烈的竞争，所以它们的关系不稳固，随时可能面临解体危机。

(四) 衰落更新

随着时间流逝，生态经济系统的逐渐衰退将对生态系统中各组员十分不利。所以，生态系统需要每一个成员的细心呵护和不断更新，只有生态系统长期稳定了，才能有更大的空间更长久的发展。

(五) 环境影响

我们都知道环境很重要，那么对于自然生态系统来说，环境因素不论是在时间方面还是在空间上，对整个系统的影响很深远。但是对于生态经济系统来说，人类经济环境因素却要比自然环境因素的影响作用大得多。因此，对于这样一个复合生态系统，人的能动性对于经济、对于整个系统都是一个特殊而重要的因素。

三、政策工具的影响

从耗散结构理论来看，可以将系统运行概括为：在开放且远离平衡的外界物质、能量和信息流非特定交换条件下，系统受到内部要素、活动之间的非线性作用的推动，产生协同效应，而这协同效应所关联的序参量反映了系统的运行状态。衡量系统运行状态的序参量，就由反映物质流、能量流、信息流的控制参量所决定，要研究确定系统的序参量，先要分析影响序参量的控制参量。对于生态经济系统而言，系统的控制参量正是受到相应的政策工具的调控，即政策工具通过直接调控对应的控制参量间接影响到关联的序参量。

从政策的现实目标来看，生态经济系统政策要实现更高质量、更有效率、更加公平和更可持续四大目标。这四大目标的实现要求系统政策具有实现该目标的功能，从而保证政策能够通过调控系统结构内部及结构之间的相互关系，实现动力转换、结构调整、资源配置优化、地区发展协调等一系列底层目标，并最终达成系统生态价值与经济价值高水平协同创造的顶层目标。

系统政策工具通过调控要素结构中投入要素的种类、数量和质量等控制参量来实现资源优化配置，增强系统运行的源动力。伴随着要素结构的动态发展，系统内部新旧产业开始更替，系统的主导产业及优势产业也随之变动，并影响系统内在的价值创造。因此，为实现生态经济系统的顶层目标，政策应当具备动力功能，通过调控要素和产业结构来为系统运行提供直接动力，并干预分配和治理结构来为系统发展提供间接动力。更高质量和更加公平的政策目标要求政策具有化解系统运行矛盾和平衡主体间利益关系的协调功能。政策通过调控反映系统要素配置方式、产业间投入产出关系、产出物分配的控制参量实现要素结构与产业结构的合理化和高级化，减少要素结构不合理、产能过剩、资源浪费、环境恶化等现象的发生，实现经济发展与资源环境相协调、区域间利益分配的公平和发展的协同。然而，任何活动的顺利进行都依赖于活动主体之间充分的信息沟通与反馈，通畅的信息传递渠道是系统内部价值创造活动的前提，这要求政策需要具备实现信息高效流通的反馈功能。此外，系统政策目标的达成，动力、协调和反馈功能的实现离不开健康有序的市场环境、完备的基础设施建设以及法律法规等方面的约束和保障。因此，政策还需具备保障功能，为系统内外的物质、能量和信息流动托底，为系统运行保驾护航。

通过上述分析可知，生态经济系统政策工具具有实现系统持续发展的动力、协调、保障和反馈功能，这四大功能保证了政策工具能够在解决系统问题和实现系统目标过程中发挥有利作用。系统政策工具通过调控系统各个结构，实现系统的顶层目标；从耗散结构理论视角来看，政策工具通过直接调控对应的控制参量而间接影响控制参量所关联的序参量。

四、评价指标分析

生态是指生物的生存状态以及它们之间和它与环境之间环环相扣的关系。发展到今天，生态这个词所涉及的范畴也越来越广，涵盖了人和社会发展的方方面面。经济是指价值的创造、转化与实现。生态经济这个复合词并不是生态和经济两个词的简单叠加，而是一种新型经济发展模式，要求在生态所承载范围内实现经济、生态和社会的全方位发展。在粗放式发展对环境和资源破坏日益严重的今天，生态经济已经成为实现社会和人类自身永续发展的必由之路。

生态经济系统中，其中要素结构和产业结构涉及系统内部运行，分配结构和治理结构反映的是系统与外界之间的作用关系。系统内部资源、物质等的消耗属于系统损耗的范围，系统本身具有自我修复能力，可通过产业活动价值创造等为系统运行提供支持。两者的矢量和形成产业生态经济系统正熵。外界对系统的作用主要通过分配结构及治理结构来实现，产业系统与分配和治理结构相互作用形成支持熵和压力熵，两者的矢量和构成系统与外界作用所形成的负熵。正熵和负熵共同影响生态经济系统总熵变。

生态经济系统要素结构通过提供劳动、资本、技术等投入要素，通过产业结构实现价值创造，为系统的运行提供更多的负熵流物质，保证系统的可持续运行。同时，要素的利用，产业价值的创造必须要建立在坚实的科学技术水平的基础之上，通过产业的高级化实现系统的跃升。观察期内，系统正熵的缓慢上升正是资源约束、要素短缺以及资源生态效率不理想的体现，其中代表资源总量及能耗方面的指标反映出生态经济系统在资源利用效率方面存在的不足，包括能源效率较低以及能源结构的不合理。此外，系统内部正熵的上扬也受到三次产业结构的影响，资源的利用效率以及产业结构两方面问题共同增加了系统内部的无序度。

第二节　生态经济系统的结构

一、结构组成和相互作用

（一）结构组成

生态经济系统是由生态系统和经济系统通过技术中介以及人类劳动过程所构成的物质循环、能量转化、价值增值和信息传递的结构单元。它的建立过程就是生态系统、技术系统与经济系统中人口、需求、生产、技术、资源和生态环境相互协调的过程，以达到建立持续发展的良性循环目标。

生态经济系统的基本结构是生态系统，这是因为一切经济活动都要在一定空间开展，都要依赖生态系统为其输送的物质资源与能源；生态经济系统的主体结构是经济系统，这是因为经济系统中的人具有主导作用。人通过各种形式的有意识的调节与控制，使经济生产活动成为具有一定目的的社会活动，通过社会活动影响并改造生态系统，使生态系统的结构和功能得以改变或强化，以为自己的目的服务。技术是人类利用自然、开发自然和改造自然的方法、技能和手段的总和。它是联系经济系统和生态系统并使二者合二为一的媒介。如图1所示。

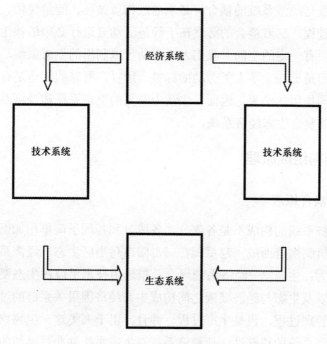

图1　生态经济系统构成图

（二）相互作用

生态经济系统是一个复合系统，是由生态系统和经济系统相互交织、相互作用、相互耦合而成的。在生态系统和经济系统之间，不仅能量、物质之间存在联系，同时信息流和价值流也在不停地循环和转换。所以说，生态经济系统是一个生态经济复合体，具有独立结构和特征，以及自身的活动规律。同时它也是单元体，能通过对各种资源的利用，形成生态经济合力，以产生效益。但是，生态经济系统的结构和层次都比生态系统或者经济系统更为复杂、更为高级。

其中，生态系统是生态经济系统的基础机构，并且它是所有类型的生态经济系统结构的基础。因为进行生产所需的物质或者能量，都是由原始的生态系统提供。

然而，经济系统即是生态经济系统的主体结构，它主要包括四个环节，分别是生产、交换、分配以及消费。这些环节相互作用，相互配合。虽然经济系统中人是主导因素，但是一旦生态系统的基础作用遭到破坏，那么经济系统的主导作用也会消失。也就是说，如果有一系统受到威胁，必将影响到另一系统，甚至使整个生态经济系统遭受破坏。所以说，生态系统与经济系统二者相辅相成，相互依存。

生态系统与经济系统的耦合，必须通过物质循环、能量转化、信息传递和价值增值等过程。二者耦合的必然在于经济活动要进行必须依赖生态资源提供供给，并且要有一定的空间。我们人类活动可以利用的生态系统，通常不是纯粹的供给，而是被加上了人类劳动的标签。所以，财富的创造是有自然资源和人类劳动共同作用的结果。因而，生活中常见的生态系统和经济系统，一般都是已经耦合的复合生态经济系统。

二、结构组成原理

（一）耦合原理

生态经济系统的构成不是各部分、各成分和各因子简单相加而成的，而是通过一定的机制耦合而成。赵星闽在《贵阳市乌当区生态—经济系统耦合关系研究》中认为：生态——经济系统耦合是指运用技术手段在生态要素内部、经济要素内部以及生态与经济要素之间构成生态经济因果关系链的过程。整个耦合过程既是管理过程，也是生产过程。并且，由于人类这一生物物种的特殊性而形成的经济系统的特殊性，使经济系统对生态系统并非是单纯的依赖关系，而是两系统相互依存、共生共亡的耦合关系，表现为两系统之间压力—承载—反馈的互动。

（二）承载——反馈机制

生态系统内部存在一种负反馈机制，它通过营养关系调节群落生物数量的增减，维持群落生物数量的稳定，达到生态系统的动态平衡。例如当被消费者的数量增加（或减少）时，消费者的数量随之增加（或减少），而正因为消费者数量的增加（或减少），该被消费者将减少（或增加）。正由于生态系统负反馈机制的交替作用，生态系统内各生物种群的数量才能维持在一个相对稳定的水平上。经济系统内部存在着正负反馈机制。正反馈机制指的是随着经济的增长，人口数量增加，生活质量提高，又会进一步地促进经济增长；负反馈机制是指经济系统的运行必然会对生态系统产生一定的负效应，当这种负效应累积到一定程度就会引发矛盾，经济因受到生态环境的制约发展空间缩小。

因此，协调好生态系统与经济系统的关系关键在于将生态系统的负反馈机制与经济系统的正负反馈机制耦合为一个机制，也就是说经济系统的运行不仅要符合经济系统的正负反馈机制，还要符合生态系统的负反馈机制，两者相互促进，协同发展，发挥最大耦合效益。

三、生态经济系统的类型

依据不同的经济特征，可以把生态经济系统划分为农村生态经济系统、城市生态经济系统、城郊生态经济系统和流域生态经济系统四大类。

（一）农村生态经济系统

凡是以农业为主体的生态系统就是农村生态经济系统，它是由农村生态系统和农村经济系统相互作用、相互交织、相互渗透而构成的，是具有一定结构和功能的复合巨系统。由于农村生态经济系统与农业生产活动息息相关，所以我们也常称农村生态经济系统为农业生态经济系统。

（二）城市生态经济系统

城市生态经济系统是指城市生态系统与城市经济系统构成的复合系统。从生态学的角度出发，可以将其看作是生态经济系统的一部分，是一个以人类为中心并具有典型耗散结构特征的城市经济系统。它具有整体性、耦合性和演化性特征。张庆普通过建立城市生态经济系统的复合发展机制方程，描绘相应的曲线，得出采取使强机制——经济增长机制适当"弱"化和弱机制——生态平衡机制适当"强"化的方式可以尽量避免城市生态经济系统逆向演化的结论，也就是说，要通过合理解决系统要素之间的矛盾寻求系统要素之间的平衡，促进城市生态经济系统的良性运行与发展。城市生态经济系统与人们的生产生活息息相关，几乎涵盖了人们衣食住行的方方面面，在整个生态经济系统中占据重要地位。

（三）城郊生态经济系统

城郊生态经济系统的出现是随着城镇化进程步伐的加快逐渐显现出来的，它是城市与农村生产相结合的区域性生态经济系统。城郊生态经济系统的演化发展真实地反映着城镇化曲折前进的道路。从以大农业生产为基础逐渐转向以第二、第三产业为依托，在逐步利用优越的区位优势服务中心城市的过程中寻求发展。但是，与此同时，大量的工业"三废"和生活污水进入城郊地区，破坏生物界和生态环境，危害城市和城郊居民的健康。此时，我们就需要明确经济与生态和谐统一的观点，重视生态经济系统中的生态适应度，即从生态效益与经济效益的各种组合中选择出最佳组合方案，既可以将经济活动对生态环境的负效应降低到较低水平，又可以获得较高的经济效益。

（四）流域生态经济系统

所谓"流域生态经济"，指的是根据地理区域的自然属性和大自然的生态规律以及"道法自然"的原则，以江河湖海区域为生态经济区域单元，对江河流域上中下游的生态系统和社会经济结构进行科学合理、动态协调的整体规划、布局和建设。它是一个复合的、高级的、开放的系统，在该系统中，水资源具有独特的作用。

四、结构特征

对生态经济系统进行结构分析先要理解该系统的运行过程和特征。生态经济系统是一个开放式的非线性复杂系统，系统内部各要素、活动之间在不断地进行相互作用。同时，作为一个持续发展的动态演化系统，生态经济系统需要不断地与外界进行物质和能量交换，以形成新的运行状态。此外，外界环境的干扰会对系统运行状态产生影响，使系统产生远离原有状态的涨落现象。

（一）开放性

开放性特征表明，只有开放的系统，通过与外界交换物质、能量和信息，才有可能使系统从无序发展到有序。从能量交换的角度看，生态经济系统的运行可看作是资本、劳动力、土地、资源、技术、信息等各种要素通过各产业部门的产业活动进行消化、吸收和创造，生产出各种产品和服务，同时排放污染物的过程。系统内部所得的产出物经过分配，一部分作为中间产品再次进入产业活动中，来供应各产业部门生产使用；另一部分作为最终产品供积累和消费。其中，部分最终产品被消费者消耗后的剩余物，可被回收利用再次作为要素投入产业活动中，进行循环生产。生态经济系统的能量传递和价值创造过程反映出该系统具有开放性特征。

一个远离平衡的开放系统（力学、物理、化学、生物学甚至社会、经济系统），通过不断地与外界交换物质和能量，在系统内部某个参量的变化达到一定阈值时，经过涨落，系统可能发生非平衡相变，由原来的混乱无序状态转变为一种在时间、空间和功能上的有序状态。这种远离平衡的开放系统称为"耗散结构"。具有"耗散结构"的系统具有 4 个特征：开放性、远离平衡态、系统内存在非线性、存在涨落活动。

（二）非线性特征

非线性特征表明生态经济系统通过非线性的相互作用使得系统内部结构之

间产生协同效应。从价值创造过程来看，资源、土地、技术等要素是生态经济系统价值创造的逻辑起点，也是系统的能量输入端；输入系统内部的要素通过产业活动及产业间的运转，将要素进行转化，生产出各种产品和服务及一定量的污染物；生态经济系统中不同数量和质量的输入要素及产出物会受到市场和政府分配手段的调节和干预；此外，生态经济系统价值创造的各个环节都会受到治理结构的直接和间接治理。

因此，产业系统运行是受到要素、产业、外界环境分配和治理的一系列非线性作用，各个环节之间的非线性相互作用产生的协同效应实现了系统的有序转化。

（三）远离平衡态及涨落特征

耗散结构理论认为，系统只有远离平衡态，才有可能形成新的稳定有序结构。生态经济系统内部各要素、产业及其他行为主体都具有自身的运行特点，一方面，要素的种类、数量和质量存在差异；另一方面，产业的构成、产业属性及产业的投入产业水平也各不相同。此外，产业系统内还存在供给与需求不匹配、经济发展与生态环境之间不协调、区域之间发展差距较大等现象，这些差异和不协调现象都会使得产业系统处于一种远离平衡的状态。

由上述分析可知，产业生态经济系统的运行涉及要素、产业、产出物、分配者和治理者等各方面，它们之间存在着复杂的联系。根据产业系统运行过程的主要环本文从要素、产业、分配、治理四个角度对生态经济系统结构进行解析，分为要素结构、产业结构、分配结构和治理结构，统称为四元结构。其中要素结构体系系统内部要素种类、特点和组合，是系统运行的基础。产业结构则反映了产业构成、属性、产业间联系及产出物属性。分配结构实现了系统内要素及产出的分配。而治理结构通过相关机构对上述三类结构间联系进行直接或间接治理。每类结构都具有自身特征，其中要素结构可视为政策系统的能量输入，产业结构则实现系统的价值创造，这两类结构反映了系统内部的结构运行；而分配结构和治理结构属于系统外部协调结构，是系统内部的"总调节器"，不直接参与系统产出，起间接调节作用。

第三节　生态经济系统的功能

一、经济与环境和谐发展

生态与经济关系较好的是互利共生的模式，因为不管是生态环境对于经济增加的影响或经济的发展对于生态环境的影响，都处于正向促进的模式，这种生态环境与经济关系会使互利型发展的协调度从低水平向高水平演进。

从生态经济研究的内容上来看，生态经济理论研究由最初的单纯研究生态经济平衡到现在从伦理、可持续发展、和谐社会、生态文明等多个角度研究生态经济。从生态经济的具体模式上来看，生态经济理论研究经历了由最初的循环经济模式研究到现在的循环经济、低碳经济、绿色经济等多种新经济模式共同研究的阶段。从生态经济研究的特征上来看，生态经济由最初单纯强调生态与经济发展的协调性到现在强调生态、经济、社会三方面协调，更加突出了人文性特征。生态经济思想的研究也由最初单纯研究马克思恩格斯生态经济思想发展到现在研究中国共产党人和其他世界著名生态经济学家的生态经济思想。生态经济的研究领域也从最初的生态农业扩展到城市生态经济、农村生态经济、生态工业、生态旅游、生态服务等诸多领域。

生态经济系统是通过系统内部活动的物质、能量和信息交换，实现经济和生态价值高水平协同创造的复杂系统。18世纪中期工业革命以来，西方国家主导的三次工业革命使经济迅速崛起，工业文明通过物质资料为人类社会创造了空前的物质财富，人类社会的经济发展程度达到空前高度，这种传统的经济发展模式使得人类社会迅速进入以物质财富、资源消耗及环境污染获得经济价值为特征的工业时代。这种发展模式存在的问题不容小觑：重度依赖能源的不可持续的发展造就了"高能耗、高污染、高投入"的发展特点，对资源和环境造成巨大压力；这种传统的发展方式中，能量传递方式是单向式的，价值创造过程中未重视对资源的循环充分挖掘，在很大程度上造成了要素的过度消耗，同时向自然环境排放大量废弃物，对生态环境造成难以修复的伤害，严重破坏了经济发展与生态环境之间的平衡。

改革开放以来，中国的经济总量持续地攀升，升至全球第二大经济体，但资源消耗和环境污染问题却越发严重。为了解决资源环境问题，我国相继出台一系列政策，如环保治污方面的《环境保护法》《水污染防治法》《固体废物污染环境防治法》等，以提高资源使用效率为中心的《循环经济促进法》等。随着经济发展进入重要战略机遇期，国家加大对于生态文明建设的重视，强调健康科学的可持续发展，并集中推出了一系列战略方针，从坚持"五位一体"的总布局，到《关于加快推进生态文明建设的意见》《国民经济和社会发展第十三个五年计划》，直至十九大报告提出树立"社会主义生态文明观"，增加了对生态环保的重视。这一系列文件的出台，确定了生态文明建设的战略方针，也表明了国家对于平衡发展、构建美丽中国的信心和决心。

自18世纪开始的工业革命，在为社会创造充足物质财富的同时，也加剧了人与自然的矛盾，环境恶化、资源趋紧等已成为制约经济发展的关键。对于如何实现经济与环境之间的和谐发展，学术界开展了一系列研究，生态经济应运而生。生态经济系统的内涵可追溯至"生态系统"内涵的界定。生态系统是类比生物圈内的物质、能量流动过程来进行产业活动，实现资源充分利用的有机系统。

随着研究深入，学者们对于生态系统的研究呈现出侧重，总体可概括为两类。一类是从系统性的角度研究，强调产业活动与外部环境关联。如《产业生态学》中，依照生物与自然相互作用，食物链各级结构之间的能量流动规则，将该原理应用到经济活动，以实现经济与环境和谐发展。持此观点的学者关注于空间上相连或靠近的产业网络中的物质和能量流动，其目的在于充分利用价值创造中形成的副产品，实现产业与环境的和谐；生态系统是一种网状结构，其内部的物质传输与生物圈相似，因此，区域内部依照自然生态系统构建类似结构能够降低废弃物的排放。国内学者将社会环境纳入其中，提出"经济生态社会"复合型系统的理论，施晓清提出生态系统是各类产业与其所处的外部环境共同构成的综合体，是一种资源网状结构。李晓华认为系统内产业活动、要素集合及其作用关系构成了生态系统，该系统具有相互依赖、自我修复、共同演化等特征，并基于特征将其划分子系统。另一类的研究集中于生态系统的结构，从生态系统的结构来看，系统的经济活动单元是具有直接经济利益的企业，以及利益所涉及的相关方面。从系统的构成层次看，可分为企业——产业等多层级；从生态系统的运行特征来看，生态系统要实现经济与生态双重价值，其运行既受经济规律制约，也受到环境承载力约束；产业生态系统概念的提出是为了解决经济发展过程中，产业活动与生态环境、资源之间的不协调、不平衡的问题。目的在于仿照自然生态系统的能量循环模式，改善产业活动，以实现资源的有效利用，提升环境质量，达到经济价值与生态价值的高水平协同。

生态经济系统具有生态环境、经济的两个方面的效用，又具有生态环境、经济特性的两个方面的内核，由第三产业占 GDP 比重、环保投资占 GDP 比重、第二产业增加值、第一产业增加值、GDP、人均 GDP 以及 GDP 增长率等组成的社会经济元素反映了区域性地区的社会经济属性与功能；由工业固废综合利用率、城市污水处理率、工业用水重复利用率、工业废气处理率、人均造林面积、人均种粮作物面积、人均绿地面积、森林覆盖率和森林资源增长率等构建的生态环境子系统较好地反映了区域性地区的生态环境内核与实际用处。两个子系统互相交织、相互制衡、相互推进。良好的生态环境是保持经济以一个不断发展态势向前推进的前提内容，经济的增强，自然是离不开一定内涵的生态环境指标支持，生态环境的完全增强，同样也可以为经济的发展带来支持和新式推进的实际功能。

二、生态经济平衡

生态与经济在发展中要做到相辅相成协调统一，两者既要实现两者间的平衡，又要保证自身的平衡。一方面，经济平衡的前提是生态能保持平衡，另一方面，经济的平衡反过来能从宏观上影响生态的平衡。所以，没有生态的平衡，经济就不能长久的一劳永逸的平衡发展，没有经济的平衡，生态也不能长治久安的平衡下去。但是，这并不意味着要让经济平衡去一味地迁就或被动的顺应生态的平衡，而是说人们主动去寻求是两者共同平衡的方法，通过科学的宏观的方法，得到双赢的结果。生态平衡与经济平衡本质上存在矛盾，即经济发展对资源的无限需求性与生态中资源的有限性之间的矛盾。所以，生态经济的平衡有一定的相对性和可变性。并且生态经济平衡必须是在特定的环境下，在生态与经济有机结合的环境下，生态经济平衡的概念才有实际的意义，不然脱离了这样的大的社会环境，就失去了本身的含义。人们在平时的生产活动中，如果能够有意识地去遵守生态的经济的规律，力争生态与经济之间的平衡，就能够是人们赖以生存的生态系统向生态经济平衡发展的目标进行。

新常态背景下，全新的发展理念和发展主题要求生态经济系统在实际运行中必须重视经济与生态之间的协调。目前的相关研究多是从经济活动或生态环境的角度来对其进行研究，在当前"三期叠加"的关键阶段，政策设计的研究对于系统实现高质量、高效率发展会产生不容忽视的理论和现实价值。

三、生态服务功能

现有研究表明生态服务功能是现代文明和人类生存发展的基础，科学技术能在一定程度和范围影响生态服务功能，但并不能完全替代生态环境，维持生态服务功能是生态经济系统协调发展的基础。

当今，社会经济不再是发展的唯一目标。人们更加推崇经济与环境相协调的生态经济协调发展模式，越来越多的学者倾向于将生态服务价值的研究与当地的经济发展联系起来。吴建寨、王建华构建生态经济协调度模型探讨了研究地区的经济与生态环境的发展水平及地区间差异；在创建社会——经济生态的复合指标体系的基础上，采用结构信息熵分权的方法进一步得到城市生态经济协调发展的综合指标，比较全面地分析了社会、经济、生态以及综合发展水平。

基于生态服务价值的生态经济协调发展研究越来越趋向于多元化、复杂化，以耦合度综合各类指标进行耦合度分析最为典型。但耦合度以及耦合协调度的计算结果易受不同上下限序参量值的影响，且得到的只是某几个时间或者区域的相对结果，还需要根据实际情况进行调整。生态经济协调度模型计算简单，比较分析针对性强，数据易获取，在生态系统服务价值的分析应用中具有较强的指导作用，但仅仅强调增量忽略存量的计算方法可能会产生本身生态系统服务价值较高的地区其协调度较小和价值较低的地区由于较小的生态改善导致协调度反而较高的问题，在环境问题已经上升为国家战略布局的背景下，利用生态系统服务价值构建环境调整系数对生态经济协调度模型进行修正，以更好的衡量一个地区生态经济发展的协调水平。

首先，资源节约是通过科学技术的提升、高科技的运用及新的生产模式的改变和管理方式变化，改变传统的粗放式的生产方式，以达到利用尽可能少的资源产生出尽可能大的效益的作用。这里的"节约"与我们平时所说的"节俭"不同，后者主要强调在消费环节中的节约，这里的资源节约不仅包括这一点，而更多地要求在生产和流通过程中对资源利用效率的提升，以达到资源的少投入，而经济、社会效益的多产出目的。

其次，环境友好是尽可能降低废水、废气及固体废弃物等对环境有破坏性的废物排放，同时减少无止境地开发。使人类社会的发展与自然环境统一起来，保障不因人类活动超越生态承载力范围。同时，需要改变传统的"人能胜天"或"人不能胜天"的将人与自然环境视为对立面的错误思维模式。在人类活动中需将环境视为我们外部的承载体，也是我们赖以生活的家园，人与环境应该和谐相处，将环境纳入到人类活动范围内。

四、生态经济可持续功能

生态经济系统的目标是通过政策调控而实现的，政策是为实现某个目标而制订的准则或采取的办法，是指导实践活动的手段或工具，生态经济系统政策就是为了解决产业系统运行存在的问题，实现系统运行目标而采取的办法或手段，因此系统运行目标与政策目标是内在统一的。根据中央经济工作会议报告，生态经济系统发展目标是实现发展得更高质量、更有效率、更加公平和更可持续。发展质量和发展效率要求生态经济系统的动力从传统的要素驱动转向创新驱动，而公平则是市场经济发展所必须遵循的准则，也是产生效率的前提；同时，公平也体现了系统内不同区域之间发展的协同；而更可持续，不仅表现为经济与生态之间的可持续，也体现了整个系统各个环节，各项活动之间的协调和连续，表现为系统整体运行的可持续。从发展目标可知，生态经济系统是把产业活动、资源消耗和环境污染置于生态系统物质能量的总交换中，将发展的速度、质量、效率发展规模有机统一起来，实现经济生态友好型发展，走内涵式发展的道路。

生态经济系统是以产业系统发展目标为导向，以现实发展状况为基础。根据发展的不同层次对目标进行纵向分解，确立顶层、中层、底层三个层面的发展目标。顶层目标体现的是生态经济系统体系的总目标——系统内经济价值与生态价值的高水平协同创造，政策体系的运行都是围绕顶层目标进行的；中层目标则是结合国家在现阶段的发展，要朝着更高质量、更有效率、更加公平和更可持续的方向前进；而底层目标则体现的是为了实现四大发展方向所应当调整和解决的现实问题，及政策体系要解决的问题。生态经济系统顶层发展目标并不只是中层和底层目标的简单相加，而是具有明显的协同效果。不同层面的发展目标都有与之相对应的一个或一组反映系统运行状态和政策实施效果的状态变量，而生态经济系统的序参量正是从这些状态变量中提取得到的。

五、生态文明建设功能

经济、社会的发展是"两型社会"建设的目的。自 20 世纪 80 年代以来，我国经济增长取得了重大成就，然而快速增长的背后却带来了严重的资源、环境问题，粗放式的增长方式已到了不得不改变的地步。同时，国际社会对水资源问题、能源问题及全球性气候等越来越重视，基于内外部日益严峻的压力，2007 年十七大，中共中央总书记胡锦涛正式提出建立"资源节约型、环境友好型社会"。"两型社会"不仅包括资源和环境两个层面的含义还包括经济发展和社会进度。

其中经济发展主要是指满足人们日益丰富的物质需求，而社会发展包括的范围较广，不仅包括日益增长的精神文明，还包括社会的和谐、人与人之间的公开与平等等方面。"资源节约型、环境友好型社会"的建设并不是为了节约资源而不利用资源，停止发展，也不是为了保护环境而停止生产、停止排放、停止消费。人类社会中，经济、社会的发展才是人类活动的关键和目标，如果一味地为了节约资源和环境友好而停止了人类社会的向前发展，那么将违背"以人为本"的目标和"两型社会"建设的宗旨。"两型社会"建设为的就是通过资源的合理利用，在生态环境承载力、环境容纳的合理区间内实现人类社会的长远发展，而不是只为了仅满足当代人的需求而毁坏了我们的子孙后代的发展。

　　资源节约和环境友好的目的都是为了实现资源、环境与经济、社会的和谐发展，它们之间既有统一的一面又有不同的方面。资源节约主要侧重资源利用效率的提高，降低资源使用的强度，在最终物质产量相同的情况下，减少自然资源系统进入经济、社会系统的物质流，或者相同的资源投入量，通过生产系统的提升，产生更多的经济、社会效益。而环境友好主要侧重将生产、生活活动控制、限制在生态环境承载力范围内，从前端的开发就将环境保护作为目标，降低无止境、超限度的开发，到中间的生产和流通过程降低向环境排放各种有害物质，最后到消费端降低污染物或废旧、残害物的排放，实现无公害目的。

第五章 现代生态农业与农业生态经济

农业不仅能够满足人们基本的物质生活需求，还能带来经济效益、促进社会进步。现代生态农业可持续发展不仅能够促进现代农业的蓬勃发展，还能为现代农业与生态环境保护提供支持。本章分为我国生态农业的发展概况、农业生态经济的发展模式、农业生态经济发展的可持续性三个部分。主要包括：我国生态农业发展的主要成就和问题及表现，农业生态经济发展的生态农业、循环农业、有机农业等模式，农业可持续发展的内涵及我国农业生态经济可持续发展的案例及对策等内容。

第一节 我国生态农业的发展概况

一、我国生态农业发展的主要成就

（一）建立生态农业相关政策法规

改革开放后，经过创建和发展该领域的政策法规，我国的生态农业获得了长足的进步，资源开发和保护工作高效而有序。我国出台和修订的环保法律文件接近 20 部，另外，国务院等机构还出台了一系列独立的环境资源领域的行政法规，很多文件中围绕生态环保、资源的保护性开发等问题进行了明确的规定，为我国生态农业的发展提供了指引，明确了发展方向。

（二）发扬传统农业技术精华

精耕细作、讲究天时地利在古代农业中自古存在。勤劳勇敢的中国人民面朝黄土，在肥沃的华夏大地上兢兢业业的耕种，通过农家肥等不断改良土壤，以期保持土壤的肥力，获得更多的收成。这也是我国古代随着人口的增长，在耕地面积不断减少的情况下，我国实现了"地力常新"。

首先，传统农业十分关注土壤的养分和肥力问题，关注人与土地间进行的物质变换。我国生态农业继承了传统农业重视有机肥料循环使用的思想，强调减少对农用化学的依赖，尤其是控制化肥、农药的运用，弘扬生产绿色食品。

其次，我国传统农业采用非化学合成农药防治技术。这些对我国现代生态农业在研发和使用杀虫剂等方面具有重要的启示作用。如尽量使用新型植物保护剂和新型环保杀虫剂等，进而避免采用具有高毒、高残留的杀虫剂。

最后，传统农业是自给自足的模式，至今传统农业的复合式农业在我国很多生态农业中都有所体现，影响了我国生态农业的现状和前进方向。除了生态农业理念外，还有自然资源的保护和利用农业精髓至今依然带给我们很多积极有益的启示，值得我们去充分的挖掘和继承。

（三）加强生态农业国际合作

我国跟其他国家地区的生态农业合作不仅出现了国家政府间的合作机构，而且还包括了科研院所、高校、企业、民间等主体参与到国际生态农业的各项活动中，层次分明、多元发展的项目合作稳步推进，农业科技面临着一片大好的发展局势。"走出去"和"引进来"积极实施，效果显著。

加强国际间的生态农业合作，有效地提升了我国的农业科技水平，推动了我国生态农业的产业发展和技术结构的优化升级，培养和锻炼了一批优秀的生态农业方面的专家，给我国的农业可持续发展创造了有利的内外部条件。

二、我国生态农业发展存在的问题

（一）认识不足

对生态农业的发展重视程度不够。尽管当下国家强调"五位一体"的总体布局，坚持以"五大发展理念"为指引，积极推进"农业供给侧结构性改革"，但是一些地方政府部门还是一味地强调 GDP 的增长，忽视了经济发展和资源环境约束趋紧之间的矛盾，没有更新生态农业发展的管理理念，更加注重农业的经济效益，忽略生态农业的生态效益。

农业发展中的环境污染严重，也破坏了当地的生态平衡，对于绿色健康的生态食品进行封闭、保守发展，使得生态农产品失去了安全保障，也严重影响了生态农业的规模发展。

（二）科学技术欠缺

技术研究及其推广不力。在技术创新方面，由于财政经费的紧张，科研经费匮乏，生态农业的研究者和实验者在生态农业模式运作过程中，对于如何更进一步节约资源、污染控制、废物循环、产品优质等一系列问题，没有作深层级的研究。在生态农业的相关技术方面，还没有创建起高效合理的服务结构，进入的运用层次较低，转化为经济效益步伐缓慢。

农业生态技术设备缺乏。农业生产设备简陋，技术落后，造成了大部分农产品质量得不到保证，进而影响农产品的市场价值。

农村科技人员严重缺乏。很多生态农业试点地区，在建设的初期进步显著，但是发展后期就会丢失了生态农业的发展模式。没有做好本土人才的培养工作，过分依赖引进的技术人才。

（三）推广力度不够

缺乏有效的激励机制。在生态农业发展过程中，尚未建立起完善的保障体系，没有调动民众参与生态农业的积极性。

行政管理机构跟相关科研院所、生态公司等没有建长效稳定的合作机制。生态农业的积极模式和技术没有及时的推广到生态农业公司中，科技转化为经济效益缓慢，影响了生态农业的综合效益。

生态农业市场制度需要进一步发展和完善。相关公司和农户难以通过积极合理的方式保障自身的合法权益，无法产生良好的经济效益，影响了生态农业的推广。

（四）产业化水平低

分散经营模式以简单的再生产和劳动自然分工为主，不能实现经济目标，不能形成集约经营、规模效益。

产业化经营模式受到经济因素的影响不能增加产出，生态农产品的价格在市场竞争中没有优势。

农业产业化的技术支持比较缺乏，创新力度弱，品种的筛选和更新工作滞后，加工环节的附加价值低。

（五）标准体系不完善

我国生态农业标准体系尚未系统建立，现有标准与生态农业不相匹配，主要体现在生态农业标准针对性不强，没有可行性和操作性。自从实行生态农业以来建立了大量的生态农业标准，也成立了生态农业标准化技术委员会，完成了对农业、牧业等多个行业的整体覆盖。但这些标准却没有明显的针对性，标准之间没有协调统一性，导致生态农业标准形同虚设。

（六）配套的培训体系和知识更新体系有待完善

目前，国家增加财政支出，以增加农民收入为核心，以满足农民科技需求为导向，以培育新型职业农民为目标，对农民的技能培训有了一定的关注。但是专门针对发展生态农业的技术培训还不多见。加之培训一般都是短期培训，也没有后期更新的技术和知识，更没有后期的跟踪调查，培训的知识和技能无法从讲台走向农田。所以很多新技术难以很快的运用，未能充分开发其应有的经济价值。

第二节 农业生态经济的发展模式

一、生态农业模式

（一）生态农业的概念界定

1. 生态农业的概念

生态农业是在农业发展的基础上，结合生态学和经济学相关的理论，通过现代农业发展技术和管理方法形成的具有生态效益的农业发展模式。它可以更好地提升农业的综合效益，在传统农业的基础上更好地促进当前农业的发展。生态农业不仅能够使农业发展具有一定的生态效益，同时还能够更好的保证一定的经济效益。在发展自身粮食和经济作物的基础上，也可以很好地和第二、第三产业紧密联系在一起，更好地解决传统农业发展上的局限性。

2. 生态农业的特点

①综合性。生态农业是在现有的农业基础上形成的一种新的农业发展模式，相比当前的农业发展更具有整体性、协调性和综合性，同时生态农业也是当前农业模式创新和发展的重要方向。在促进生态农业发展的过程中，还要能够和其他的农林牧副渔各业进行紧密的联系，通过自身的发展带动更多产业的发展，这也是其发展的重要内容。

②多样性。我国有广阔的领土疆域和丰富的自然资源，当前的生态农业发展要能够积极地结合传统农业的先进经验，并根据不同地区的差异性，促进其发展的多样性，通过与当地优势的紧密结合，更好地实现区域生态农业的新发展。此外，生态农业的多样性也表现在模式和类型的多样性。

③高效性。生态农业以及生态产业的发展将会更加注重生态系统的建设，

与此同时，生态农业的发展并不是单纯的要处理好生态与经济的关系，同时要能够更好地对当前的农业生产资源进行有效的分配和再利用，能够促进农业生产效率不断提升的同时更好地解放农业生产力，促进我国农业的高技术水平发展。

④可持续性。生态农业的可持续性主要表现在农业生产的良性循环和农业产出的有效保证。同时通过发展生态农业，还可以对当前的生态能源系统进行优化提升，更好地促进生态农业和经济社会效益的协调统一。

（二）我国生态农业的发展模式

1. 城镇近郊为核心向都市城市圈辐射

这种模式主要以在大中城市的近郊培养多功能的生态农业为主，围绕城镇居民对生产生活需求的物质、精神以及文化生活等消费品进而打造符合农产品生产、农业集约型、农业低碳型、农业文化产业化为一体的多功能服务型生态农业发展模式。在内容上，这种模式着重打造现代化的生态农业产业园区，达到土地集约利用和生产效益最大化的目的；另外还重视产业多功能的复合作用，在城市的近郊发展起无公害示范基地，利用种养殖业达成与采摘、农耕、休闲体验等的有机结合，满足都市人高品质生活的需求，既能解决农村剩余人口的就业问题，也能保障实现农业经济效益在都市的最大化。

2. 规模化发展模式

这种模式是在传统的主要农产品主产区利用其良好的农业生产设施，将生态农业发展成为规模化、专业化、品牌化、特色化、社会化的生态农业经营模式。这种模式的特点是以产业规模化、效益化的良性发展循环实现经济效益、社会效益、自然效益的良性互动发展。主要内容是以加快培育区域特色农产品生产基地，走政府引导、招商引资、培育和吸引龙头企业以扶持和建设生态农业生产建设的道路，走农民集体组织经营，协同组织、规范生产、加工、经营，统一操作流程和规范合作组织的集体发展模式。

这种发展模式需要政府资金政策的有力支撑，发展农业配套的经济组织必须有制度的保障和合作机制的约束以及政府政策支持。包括后期的农产品仓储中心和农产品信息传输平台的建立都需要政策的支撑。在保障农产品生产经销、运输过程中，不仅使得信息的传输方便快捷，也能吸引投资和营销，提升农产品的品牌影响力，通过生态农业经济组织的作用承担仓储、物流等后续服务，就能盘活整个生态农业发展。

3.综合效益优化发展模式

我国面积广阔，地貌、气候差异较大，广大的西部地区生产条件相对恶劣，生态经济条件比较脆弱。由于这种干旱山区实现生态农业经济效益的难度较大，所以选择一种符合该地区的生态农业发展模式显得尤为重要。生产条件较差的这类地区往往有着广阔的土地资源、自然生态环境资源和优质的特色农副产品资源，这为发展具有当地特色生态农业提供了基础，尤其是为无公害、绿色产品规模化生产提供了物质基础。如高山的林木、经济果林生态农业；山地丘陵地区的林果—散养禽蛋—野生食用菌农业产业链；而高寒干旱地区的生态农业定位应该放在节水、抗旱的农业生产上，结合畜牧业合理利用耐干旱乔木、草皮等打造其抗旱、抗风沙的生态防护林带，实现其生态效益的重要作用。

二、循环农业模式

（一）循环农业的概念

基于对农业生态经济发展中的循环农业概念的研究和争论，不同的学者有不同的见解，其中具有代表性的观点如下。

①循环农业就是将循环经济的基本原则在循环农业中的具体应用过程。

②循环农业是以尊重自然系统发展和经济生产活动的规律为基础，以经济发展为主要动力，以促进可持续发展为机制，遵循3R原则优化农业生产结构，实现多层级循环和零排放或最小排放的农业经营活动。

③循环农业是促进循环农业发展的重要制度基础，这个理念引导循环农业从单一农业生产体系扩展到全社会的大生产中去，加强了循环农业与经济增长、社会发展、生态环境的协调与统一，大大丰富了循环农业的内涵。

当前学术界循环农业的概念在生态学、生态经济学、生态技术学、可持续发展等基本理念的指导下，将农业生产与循环经济、清洁生产、产业链等理论相结合，以发展农业经济为基本动力，优化并调节农业生产结构并将其延伸至二、三产业，通过可持续协调发展评估体系和绿色GDP核算体系的调节作用，按照资源循环利用的反馈式流程组织农业生产，实现农业生产的零排放、零污染，促进实现农业生产活动良性循环化、生态化、产业化的可持续发展。

（二）循环农业发展模式

1.传统农业生产模式

传统农业生产主要的核心生产内容为种植业生产，贾得乡的主要农作物为小麦和玉米种植，农作物收获后的主要产品是玉米和小麦，其副产品是玉米和小麦秸秆。大部分小麦和玉米作为商品出售，少部分留作自用（以饲料为主，口粮为次），是传统养殖的主要来源。传统养殖的副产品为禽畜粪便，通过农家肥的方式还田。

由于当前农户的家庭能源结构发生了较大的改变，以煤炭和电能为主的能源已经在广大农村得到普及，传统农业生产的副产品——秸秆不再作为农户的主要能源，秸秆的传统功能消失，大部分农户视秸秆为废弃物，主要通过地头焚烧的方式还田，这种方式比较污染环境，并且容易引发火灾事故。

这种模式主要是以家庭为单位的生产规模较小，经济效益低下，存在劳动力浪费的情况。同时，小规模的农业生产主要采用落后的传统灌溉技术，主要以大水漫灌为主，农田灌溉系数较低，水资源效率较低。为了满足农作生产需求，农户普遍过量开采地下水，导致区域农业用地范围内地下水位下降速度较快，近几年以每年 15cm 的速度下降，这造成了区域水生态环境的严重破坏，进而导致区域整体的生态环境呈恶化趋势。

2. 初级循环农业生产模式

循环农业发展模式是在"资源化、减量化、再利用、再循环"等原则指导下，对传统农业生产的一次升级过程，这个升级过程也是遵循着从初级到高级的发展规律。

初级的循环农业生产模式依然以农作物的生产为主要的生产内容，其主要产品依然为粮食和各种经济作物。其中，部分粮食结合商品饲料来开展禽畜养殖产业，部分村庄已经脱离农户养殖方式，开展规模化养殖。禽畜粪便可以结合粉碎后的农作物秸秆开展特种养殖，如蚯蚓的养殖。蚯蚓的养殖具有容易饲养、经济效益高、占地规模小、耗水量小的特点，同时还能够为家禽的养殖提供高蛋白饲料，是提升规模化禽类营养价值和经济价值的高级饲料。农作物辅以其他添加料可以生产菌类培养袋，用来发展高价值经济作物，以发展高价值经济作物。菌类种植可以提高农作物秸秆的生物转化率，降低秸秆粉碎（焚烧）还田的比例，实现农业废物的二次利用。蚯蚓养殖的粪便、菌渣、禽畜粪便也可用来生产有机肥料，具有提高土壤肥力的功效。初级循环农业模式实现了农业生产过程中的生产废物的循环利用，不但延长了农业产业链条，并且提高了农业产值和改善了生态环境。虽然初级循环农业模式具有较好的改善传统农业生产的效果，但是其农业生产链条依然较短，仍然具有较大的提升潜力。

3.中级循环农业生产模式

初级循环农业模式并不能将农业生产效率提高到极致，因此在初级循环农业发展模式的基础上仍可以继续发展中级循环农业发展模式。中级循环农业发展模式区别于初级循环农业的最大特征就是增加了农业生产废物的生物质能源过程，这将大大延伸循环农业产业链和提高农业生产效率。生物质能源即是将农业生产废弃物如秸秆、粪便、菌渣等物质，通过沼气处理设施将其转化为沼气，并利用产生的沼气为生产和生活提供必要的能源。沼气的一部分用来维持沼气设施的运转，其余用来生活取暖、生产供热和生活能源等。在将沼气处理设施引入到循环农业生产中的同时，中级循环农业生产模式还将继续延伸产业链，对农畜产品进行深加工生产，这有利于提高农产品价值，提高农业生产效率。

4.高级循环农业发展模式

随着农业产业化程度不断加深，产业链不断延长，中级循环农业生产模式就可逐渐过渡成为高级循环农业发展模式。

循环农业生产模式高级化过程，不但是农业产业链不断延伸的过程，也是区域农业产品品质不断提升的过程，更是农业产业化不断升级的过程。在高级循环农业生产模式中，主要以循环农业产业园的形式进行经营，农户转化为农业产业工人，这样有利于科学管理和规模化经营，并能够提高农产品质量。区别于初、中级循环农业生产模式，高级循环农业生产模式内主要生产无公害、绿色有机的生态农产品和禽畜产品，并形成种养殖、深加工、沼化等相互配合的产业格局。同时，高级循环农业模式升级中型沼气设施为大型沼气设施，这在沼气产量上将会有质和量的提升，所产沼气除维持沼气设施运转和生产生活所需能源之外，还可以用来发电以供域内外使用。高级循环农业生产模式在高级化过程中，还将继续发展第三产业，将生态农业生产与旅游相结合，发展生态农业旅游项目，这有不但有利于提高农业产业园的经济收入，还有利于增加民众对循环农业的认可度和知名度，促进循环农业生产模式不断高级化。

三、有机农业模式

（一）有机农业的概念

1.有机农业

这是指在生产中完全或基本不用人工合成层的肥料、农药、生长调节剂和畜禽饲料添加剂，而采用有机肥满足作物营养需求的种植业，或采用有机饲料满足畜禽营养需求的养殖业。有机农业的发展有助于解决如土壤侵蚀和土地质量下降，农药和化肥的使用对环境造成的污染等一系列问题，还有助于农民增收，发展农村经济。

2. 有机农业的特点

（1）可持续性

有机农业受到国际社会广泛重视的原因之一就是有机农业的生态友好特性，有机农业倡导的是日与自然和谐相处的理念，主张发挥农业系统在自然界中的调节机制，通过农业系统的内部物质循环降低对类似化肥这样的外来物质需求，有机农业主张结合实际的地理环境，采用最适合的耕作制度来提高农产品的产量和品质。尽可能降低对环境的负面影响，并通过技术手段保证产出，是有机农业符合可持续发展观，具备可持续性发展能力的体现。

（2）可追溯性

有机产品的生产信息需要保证公开并且妥善留存，从种子肥料等生产资料的采购开始，所有的生产资料的采购和使用情况以及相关票据都需要及时记录归档，在有机生产中，具体的农事活动需要由专人监督和记录，产品进入加工和物流环节也需要质量监督人员进行记录归档。销售过程中每种有机产品的注册有机证编号是防伪工作的重要依据，如果需要查询产品的相关生产和认证的信息，只需要在相应网站查询其有机编号。

（3）安全性

在有机农业的种植标准要求有机生产企业检测当地气候条件、水源分布和土壤状况，确保自然环境达到有机生产标准，水土样本也需要定期抽取送检；有机生产所用的种子或种苗不允许使用转基因品种；需要使用有购买凭证的有机肥料，购买和使用都需要保存凭证，传统的农家肥使用也需要科学指导，发酵过程也有严格的操作要求；不允许使用化学农药防治病虫害，只允许使用生物农药，考虑到生物农药对病虫害的实际效果较弱的情况，需要结合无毒害的生物防治措施进行综合防治。

（4）风险性

有机农业在生产过程中的投入成本较高，相比常规农业，一般单位面积投入成本高出 30%～50%。并且，有机生产基地和有机产品需要额外付出一笔检测与有机认证的费用，自身较高的生产成本和额外的有机认证成本对于小规模有机生产者是沉重的负担，因此规模不足往往难以有效组织有机生产，并且有机生产所需的基础设施建设导致了有机生产最好具备较大的生产规模，有机基地具备更大规模可以相对降低每单位产品的生产成本。农业的自身的特点带来的风险，大多数农业生产都必须遵循自然周期，因此必须承受较大的自然风险和市场风险，较长的生产周期也导致资金周转期同样漫长，带来更大的风险，然而相比这些对于投资者的不便之处，农业投资的回报却往往并不够丰厚，有机农业作为农业生产的一种，同样需要承担这方面的风险。

（二）有机农业模式的发展对策

1. 健全有机产业发展的长效机制

有机农业发展要集中有机农业相关的信息技术支持、产品展示、电商平台、产品检测、创业扶持、休闲体验等功能，加强有机农业产业标准化和专业化建立的有机农业服务平台。

2. 构建有力的工作机制

针对中小型有机基地建设水平不足，导致产品质量参差不齐，有机标准难以执行，而各个分散的小型有机基地各自存在的具体问题往往各不相同，需要协助也需要各自评估。因此政府在这一方面起到引导作用，强化组织、协调、服务、监督等工作。围绕有机基地建设，结合部门职能，制定具体的工作方案，确保措施的落实，提高工作成效。结合产业扶贫工作调动农民和企业的积极性，参与到有机基地建设中来。

3. 构建政府引导、市场主体多元投入机制

政府要出台支持有机农业建设的专门政策，补贴有机农业和有机产业的资金需求。要从根本上解决这方面问题，就需要有机农业形成一个闭合的有机产业生态循环链，脱离外力的协助也能良好的运作。解决产业标准化程度低和有机产品附加值低的问题，有机产品附加值低，很大程度上受到了产业标准化程度低的影响。

一方面政府要加大支持力度，建立稳定长期的财政支持体系。充分对接国家、省为解决"三农"问题投入的各种资源，积极争取出台省级层面支持有机农业建设扶持政策，就土地、税收、金融、信息、人才等多方面的制定优惠政策，最大程度地用政策资源匹配和支持有机谷农业的建设发展。

另一方面市场投入多元化，在保证必要的政府投入的同时，主要通过市场化的办法，大力招商引资，吸引国内外、省内外资金、社会资金、高端人才、优质项目向有机产业聚集，形成投资洼地。

4. 构建科技创新推广服务机制

要重视有机生产、加工、研发、包装、品牌、物流、电商、营销、餐饮等

方面的专业人才培养，建立院士、专家教授工作站，要与国际国内著名科研机构、大专院校建立合作关系，搭建有机产业发展综合服务平台，建立支持有机产业发展的标准体系、认证体系、检验检测体系、研发推广体系等。

建立有机产业发展的绿色考评机制。科学设定有机产业发展、生态治理、环境保护等考核指标体系，引导各镇区、各部门绿色发展、高质量发展。

5. 提高企业与消费者层面的全域有机理念

要推行有机产业的生产方式，建立全域有机示范模式，全员参与。禁止化学投入品进入，在区域内开展农作物秸秆、畜禽粪便、农业废弃物、农村生活垃圾的循环利用，形成有机生态循环体系，确保农产品全部达到有机、绿色标准。因地制宜发展种植业、养殖业，整合领导力量、项目资金、人力物力等一切资源，形成发展合力。推动有机产品从自然回归市场、从田间直接上餐桌，最大化彰显"生态南漳，有机厨房"的理念与品牌价值。

推行有机的生活方式。坚持绿色、低碳、循环发展理念，大力推行有机生活方式，形成浓厚氛围。

推行有机的生态治理方式。充分发挥、巩固、扩大农业生态优势，按照乡村振兴和美丽乡村建设规划，开展环境整治，使有机产业基地的空气、地表水质量、土壤环境达到更高的标准。不断降低化肥农药能环境污染物的使用、逐渐恢复土壤肥力。同时针对污染物排放和垃圾丢弃问题，增强建设污水处理厂和垃圾处理厂，改善农村及周边环境。

四、绿色农业模式

（一）绿色农业的概念

绿色农业是以可持续发展为基本原则，强调在农业生产过程中应充分利用先进技术和管理方式，将农业绿色生产标准运用到整个农业生产链中，从而达到提高农产品质量安全的目标，在此过程中兼顾资源节约、环境友好和生态保育，实现农业可持续发展。

1. 可持续发展的必然追求

可持续发展理念的提出得到了国际上众多国家普遍认可，农业现代化转型的模式之一就是发展绿色农业。绿色农业在农业生态环境遭到严重污染、农产品安全得不到保障、农业效率和效益得不到提高等的情况下被提出。在这种情况下，绿色农业应运而生。绿色农业协调人类、社会和生态的共同发展，符合现代人们对生态环境和农产品的追求，可以预见，在我国政策法规的支持和鼓励下，发展绿色农业将成为我国农业转型升级的新方向。

2.实现农业现代化的必然选择

（1）确保农业提质增效

绿色农业能够合理地配置农业生产资源，为农业的经济增长和农业生产效率的提高发挥关键作用。第一，在绿色农业的发展中，应审时度势，紧跟国际上农业发展新趋势，同时将绿色农业的计划纳入各地的战略规划中去，结合当地的农业产业优势，提升农产品的市场竞争力。第二，绿色农业是以经济增长、农业增收为主要目的，打破传统农业牺牲生态环境来提高效益的生产模式，在农业的发展过程中，运用科学化的生产，兼顾了生态效益和经济效益。

（2）确保食品安全可靠

绿色农业的生产核心是为社会提供安全、健康、优质的农产品，提高人们的生活质量，满足人们对美好生活的向往。传统农业在生产、管理、运输等多个环节中缺乏科学手段，不能保障农产品的安全，危及农产品的市场竞争力，进一步影响了农产品的出口销售和经济效益。绿色农业提倡运用先进的科学技术，系统的管理手段，关注农业从"田间到餐桌"的全局面貌，保证农产品的生产、加工、销售和消费等全部产业链符合绿色发展的理论。在我国农业的发展中，发展绿色农业将是确保农产品安全、提升农产品竞争力的必然选择。

（二）绿色农业的标准体系

1.农业绿色发展标准体系

绿色发展是党十八大以来受到社会各界重视的发展理念。在这种农业政策背景下，对自然资源保护、低碳清洁生产、农业环境污染治理三个领域进行规范，有利于推动全社会形成农业绿色生产方式，实现减少投入、清洁生产、废物循环利用，促进我国农业可持续发展。

（1）自然资源保护与节约利用标准体系

包括水资源节约利用、耕地保护和未利用地开垦、动植物资源保护与利用三方面内容，我国的水资源缺乏现象值得重视，以促进国家农业节水行动实施。我国在保护耕地数量和质量上面临的形势较为严峻，该标准体系结合国家提出的"耕地红线"政策，对耕地这一重要的农业生产要素提出保护要求。我国农业自然资源丰富，保护和合理利用农业动植物资源，有利于良种选育、防范生物入侵等，动植物资源保护与利用标准体系包括种质资源鉴定、外来物种风险评估等，以期提高我国动植物资源总量。

（2）低碳节约型生产标准体系

为了促进农业的清洁生产，推进农业投入品减量，开展农业废弃物资源化利用，加强农业生产的标准化管理技术，推广渔业健康养殖模式，实施农林牧渔融合循环发展，构建低碳节约型生产标准体系。

（3）农业环境治理标准体系

我国的环境标准有很多，但是在乡村振兴战略提出后，现行标准已经不能满足农业环境保护的需要，尤其是缺乏定量基础的农业环境监督领域，人类活动难以进行评估和控制。因此需要利用标准化手段加强农业环境改善和治理，构建完善的农业环境治理标准体系，以此促进农业环境保护技术的应用。农业环境治理标准体系涵盖农业土壤污染防治、有色金属矿区污染综合整治、地下水超采治理、农产品产地环境保护、农业污染监测标准和转基因生物环境治理等。

2. 农村人居环境

乡村振兴战略正式将农村人居环境条件作为一项重要的成果评价指标，各地在建设美丽宜居乡村的基础上，把农村生活环境进一步提升。由于农村人居环境涉及自然、社会、经济等多个方面，本体系以农村垃圾、污水治理和改善村容村貌作为重点，强调完善人居环境整治长效机制。这项标准体系如图3所示。

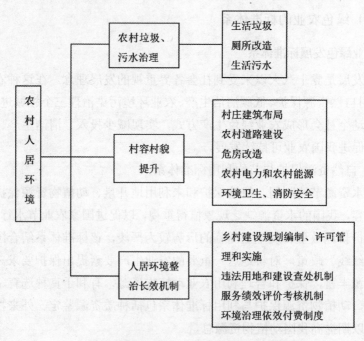

图3　农村人居环境标准体系基本框架

推进农村生活垃圾处理，借鉴城市垃圾回收利用经验，建立符合农村现实情况的生活垃圾处理制度。开展"厕所革命"，改造农村公共厕所和家庭厕所。采取厕所改造与农村生活污水处理的联合治理，提高农村生活污水处理的能力。

村容村貌要完善村庄建筑布局，加强农村公路修建，严格农村住房危险性鉴定标准，推进以电力为中心的农村能源革命。

在农村建设规划中，考虑对传统特色民居的保护；在村庄规划时，重点关注规划的可实施性，建立长效整治机制，使规划长久造福于民。

3. 乡村生态保护与修复

"山水林田湖草生命共同体"的核心思想是把各自然生态系统看作一个整体，按照系统工程学的原理和思路进行总体规划和综合管理。但由于缺乏对农村生态保护与恢复的规范化指导，生态工程之间缺乏系统性、整体性的考虑，导致整体效果弱，生态系统服务功能难以有效恢复。因此，需要建立覆盖重要生态系统保护与恢复、生态安全监测与预警评估、生态补偿机制的农村生态保护与恢复的标准体系，进一步规范生态保护体系的基本属性和内涵，全面提升自然生态系统功能和稳定性，增强生态产品供给能力。

重要生态系统保护和修复。这有利于协调好各项自然要素之间的关系，完善生态安全屏障体系。重要生态系统包括草原、森林、湿地等生态系统，推进天然林保护和公益林建设，加快草原生态系统保护和恢复，推进河湖湿地生态系统管理，实现临海综合治理，继续推进自然保护区、风景名胜区、地质遗迹保护，加强生物多样性保护。

生态安全监测预警及评估。在不断完善生态环境监测，包括"天地一体化"监测、生态状况评价、国家生态保护监测、开发建设活动的生态保护监测等子体系。

生态保护补偿机制。从政府角度利用经济激励方法对生态环境实施保护，是促进农业绿色发展的有效手段之一。生态保护补偿机制的确立，有利于促进全社会积极参与到生态环境保护的行动中，推动绿色生产方式和绿色生活方式的形成。生态保护补偿机制包括自然资源有偿使用制度、重点生态功能区转移支付制度、重点地区生态保护补偿机制和多样化的市场化生态补偿机制。

4. 乡村绿化与绿色产业

乡村绿化与绿色产业标准体系的重点是采用完善林网建设的方式，提高对农田的保护措施；采用提高乡村绿化质量的方式，美化农村景观；采用发展无污染的生态旅游产业的方式，提高农民收益，以期促进绿水青山向金山银山转变，加快美丽乡村建设。将乡村绿化美化与开发森林草原产业发展相结合，因地制宜提高森林草原产业经营水平，推进三产融合发展，打造森林草原明星品牌，带动农村林草产业振兴，通过林草产业的发展，为当地居民打通共同富裕道路。发展具有区域优势的特色经济林，推广多种林下经济发展模式，推进林产品深加工，大力发展乡村旅游休闲旅游项目，推进森林康养标准化建设，带动农民致富增收。这项标准体系框架如图4所示。

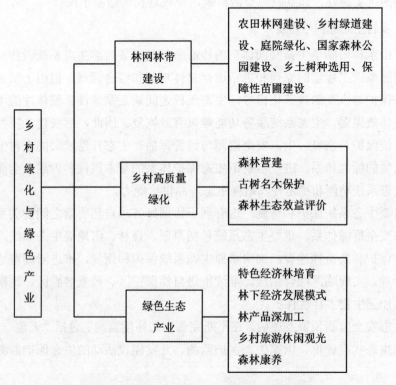

图4　乡村绿化与绿色产业标准体系基本框架

五、休闲农业模式

（一）休闲农业的概念

休闲农业是利用自然资源、生态环境和乡村景观，以休闲、体验为特色，依托农业生产活动和农业经营活动，吸引游客观赏体验的新型产业形态。最早在我国是以到农村地区观光旅游为主，随着后来加入参与体验的休闲元素，"休闲农业"的概念逐渐被认可。休闲农业以农业为基础，以游客休闲旅游为目的，是综合了多行业的组合型产业，其借助对农业资源发展潜能的进一步发掘，合理优化农业生态，调节乡村产业架构，增加农业经营者的收入。

总之，休闲农业是服务对象以城市居民为主，以农业、农村、农民为资源基础，包含一、二、三产业联合发展，开发具有旅游价值的农业资源，把农业生产和游客融为一体的农旅活动，是一种多功能产业。

（二）休闲农业的特点

①自然性。这是休闲农业最基础的属性，休闲农业依托于生态环境，农业生产则需要自然资源。城市居民追求自然生态环境，而休闲农业活动是以农业自然生态为核心，为广大游客提供自然的农村田园风光，让人感受到回归自然、亲近自然，人与自然和谐共处。

②参与性。游客参与农业生产活动是休闲农业独到特色。在农业生产实践中通过自身的体验和劳作，感受劳动的乐趣。

③季节性。休闲农业以农业为基础，其季节性明显，一年四季的自然条件不同，会出现不同的农业面貌。利用季节性的差异开发休闲农业，按照四季改变与农业活动的周期性变化规律，落实不同的休闲农业项目，在不同的季节里让游客感受到不同体验。

④市场性。休闲农业是为服务于不熟悉、不了解农业和农村的城市游客，是以城市为市场目标，消费趋向是城市流向农村，根据城市游客休闲需求，休闲农业经营者要有针对性的开发休闲农业项目，优先给城市游客提供观赏、休憩等休闲服务，扩大游客来源和开辟市场。

⑤生产性。休闲农业是结合了游憩旅游业、农业生产和农产品加工三类产业的农业形态，依托传统农业和现代旅游业的融合，在农业生产和农事活动的基础上，能够提供满足人们绿色和特色农产品的物质需要。

（三）休闲农业的功能

①生产功能。休闲农业作为农业发展的新模式，和传统农业一样，具有生产基本属性。休闲农业可以使农业经营者在生产上提供各类的农产品，保障服务对象的需求，增加农民的收入。休闲农业为更多游客到农村生活创造了条件，能够为游客提供各类休闲娱乐服务和农副产品，让游客通过休闲农业体验感受到心灵愉悦和精神升华网。

②经济功能。要提高在市场中农产品的竞争力，大大拓宽农村经济的发展渠道，改进乡村产业架构，给当地居民创造更大收益，提升其生活水平以及投资规模，缩短了城市与乡村的距离。要提高乡村的经济水平，重点就是促进农

业的进步，破除农业经营方式单一，依靠休闲农业的经济推进能力，能够带动餐饮、民宿等关联产业的推进，创造许多就业机会，能够有效缓解与消化农村的过剩劳动力资源。

③生态功能。对于休闲农业而言，必须将可持续发展作为根本出发点，保障并优化自然生态，推进休闲农业健康持续发展农业生产与生态环境保护相结合，有利于促进休闲农业的发展，在保障资源利用率和环境承载力基础上，科学开发合理使用自然资源，有利于提升环境品质和提升生态系统良性循环。在休闲农业的环境影响下，能够促进农村居民主动改善环境卫生，参与到生态环境保护中国。

④文化功能。休闲农业的建设，使得农耕文化、民俗文化等这些农村特有的乡村文化得以继承。乡村景观和乡村文化作为休闲农业的一部分，蕴含着特有的内涵，积淀历史底蕴，令人心旷神怡。休闲农业在给游客提供农村各种文化活动的同时，也在促进农村相关文化的发展。

⑤教育功能。休闲农业的不断进步与发展构建了良好的城乡互动机制，由此产生教育功能。城市游客在休闲农业体验中会带来城市文化，农村居民与城市游客交流过程中，潜移默化中会受到城市文化的影响，将很多先进理念传播到乡村，能够有效改变乡村地区的陈旧思想与陋习，促进乡村社会的快速发展；相反，其则能够给城镇游客创造了解农业及我国农耕文化的机会与平台，游客们通过亲身感受，能够知晓动植物的成长进程以及农耕知识，对城市游客来说体验农村生活也是一种教育，能够感受农业收获的喜悦，也使精神世界得到满足。

⑥游憩功能。休闲农业是能为游客提供休闲、娱乐、度假等服务，为游客提供休闲场所，从事休闲活动，让远离城市喧闹的游客，感受农家风情和自然生态风光，让游客得到精神的放松，缓解紧张工作和学习压力带来的心情。依托乡村地区的独特资源进行合理开发，给游客创造采摘、钓鱼等一系列农业休闲项目，使其融入其中，感受劳动之后收获的喜悦，这些休闲农业体验起到了心情愉悦。修身养性的目的。

六、都市农业模式

（一）都市农业的概念

随着我国城市化建设的持续推进，城市的规模和体量日益增大，而城市人口的快速膨胀又造成了农产品需求的大量增加，这时就充分体现出了都市农业在都市农副产品供应和相关农业服务中的重要作用。由此可见，加强新时期的都市农业现代化建设，是推进当前城市化进程并促使其良性循环的迫切需求。所以就必须统筹兼顾，在充分考虑现代都市农业的普遍性和特殊性的同时，以城市发展为依托，注重与不同城市的都市农业发展现状和城市化需求相结合，同时善于借助和运用先进的生产技术、管理手段以及经营模式等，因地制宜的实现具有各自特色的都市农业产业的现代化、集约化发展。

（二）都市农业的功能

现阶段的都市农业与传统农业已经有了很大的差异，它是传统农业的延伸和在特定环境下的发展。其功能也是多种多样，除了常规的生产功能之外，还有生态和文化方面的功能。生产功能顾名思义，就是生产城市所需的各种农副产品，并持续供应，在满足城市居民日常生活需求的同时，也为农业生产的从业者创造了收益，同时有力的推动当地的经济发展；都市农业的生态功能就是以城市为依托的农业生产能充分地利用环境资源，并且区位优势明显，可进行集约化的生产和发展，同时还能维护生态平衡，为市民提供一个亲近自然的场所；而其文化功能则表现得更加广泛，它渗透在农业生产的各个流程，从田间地头到餐桌，无不体现着我国历史悠久的农耕文化，同时近些年发展起来的高科技现代农业，也让人们大开眼界，既增长了市民的见识，又很好地进行了农业文化的宣传和教育。由此可见，都市农业对于现代社会的城市化发展具有重要的意义。

（三）都市农业的特征

研究和发展都市农业，就不得不对其特征进行归纳和总结。它的基本特征在于将自身的农业文明的发展充分融入现代化的城市发展中，在进行农业生产的同时，满足城市化的农副产品和服务需求。都市农业的组织实施和产业结构，对城市发展具有较强的依赖性，所以将都市农业的特征和城市发展需求综合考虑，是非常有必要的。

1. 服务多样性

都市农业为城市提供丰富多样的农产品外，还以其生态、文化等功能为城市和市民提供着农业产业相关的服务，如农业生态旅游观光、休闲度假、农耕文化体验等，与此同时，这些产业和服务的发展也带来了大量的工作岗位，成为现代化农业产业发展的典范。

2.技术密集性

都市农业与传统农业不同，它的区位优势比较明显，分布在大城市周边，交通便利，紧靠消费市场；但其缺点也显而易见，土地、资源以及人力成本都比传统农业高出不少。所以这就促使都市农业朝着技术密集型的新型模式发展，运用现代农业技术开展和改进生产。

3.以市场为导向的商业化运作

都市农业以其独特的优势，在当前农业现代化领域有着广阔的发展空间。在提供常规农副产品供应的同时，通过自身的生态和文化特点，为消费市场提供了让人耳目一新的农业生产服务，使市民在城市生活之余，可以很方便地体会农耕文化，并进行相关消费。而消费市场的扩大和农业产业的延伸，反过来又促进了都市农业产业的现代化管理和市场化运作，使都市农业具备长久的、可持续发展的动力。

第三节　农业生态经济发展的可持续性

一、农业可持续发展的内涵

可持续发展的内涵既满足当前人类发展需求，同时不会对后代的需求构成威胁，既促进经济的发展，又不损害生态环境和自然资源，使得当代人群得以发展，子孙后代不会受到资源短缺的危险。

农业可持续发展的内涵很丰富，需要我们从保护生态环境、实现技术革新、完善体制机制等多个角度探讨。从保护生态环境的角度来考量这一理论，它有利于我们在享受生态环境带来的经济效益的同时，也承担着保护环境的责任和义务。从实现技术革新的方面来讲，要想实现可持续发展就必须要使用一些技术手段，提升使用效率。从体制机制上来讲，我们需要通过法律法规和政策规范来约束人类的行为。

农业在土地、环境资源等支持下，通过生物体本身完成由太阳能和微量元素等转化成为动植物的生物能量，在人的参与下，将生物能转换为经济产物。在这其中包括了农业生产活动过程中获得的农产品，又有发挥单位面积生产能力的贡献。这个理论将农业活动产生的能量，主要包括粮食、经济作物、水产品等变化趋势和人口变化趋势综合考虑，作为分析判断可持续发展能力。

在可持续发展的理念影响下，农业可持续发展过程中强调要采用高效，可持续的方式利用资源，保护生态环境安全，其主要的观点就是要探索农业发展的新思路；就是要将代际的公平考虑进去，不能牺牲子孙后代的发展资源，同时也要将国家之间的公平考量进去。

农业可持续发展是建立在科学发展观的基础之上的，遵循事物客观发展规律，充分协调人群、土地、资源环境三者之间的关系，将工业生产成果装备到农业上，用先进技术指导农业，先进的管理经验使农业生产秩序化，高素质的农业从业人员操作农业，凭借先进的农业发展体系、发展模式、内部结构，提高土地产出率，提升农业竞争力、发展农业效益。

二、农业生态经济可持续发展对策

（一）培育特色的农业生态经济发展模式

现代农业能够发展的迅猛，其中一个重要原因就是能够充分和当地实际情况联系在一起，紧紧依托当地自然资源和环境资源，选择适合当地现代农业的发展模式，选择的发展模式要能够突显出当地特色。要想使农业快速发展，就要沿着这一思路进行探索。在对地区农业资源和环境资源了解的前提下，积极借鉴国内外的发展模式总结归纳出一套满足自身发展的现代农业发展模式。首先应该深入挖掘地区特色资源，现代农业发展定位准确，再依据当前面临的发展短板和急需解决的问题，选择适合自身的发展模式，从而实现现代农业的快速发展。

（二）支持现代农业生态经济可持续发展

要想实现现代农业的高速发展就必须要有配套的政策制度和法律法规。在国家农业政策背景下，应该根据自身情况颁布实施在法律范围内的符合自身情况的农业政策。

首先，完善财政资金扶持农业的政策。在国家免除农业税的发展背景下，要切实落实好农业补贴政策外，还要积极寻找方向，促进现代农业发展，减轻农民负担，通过资金扶持加快现代农业的发展。

其次，完善现代农业管理规范政策。对于多种形式现代农业，不免会在探索过程中行为有所偏差，触碰国家政策红线，要通过完善法律法规规范农业从业人员的行为，列举农业"负面清单"，有利于现代农业朝着积极健康的方向发展。

最后，完善法律法规。以法律法规的形式，对现代农业进行保护，守住耕地红线，保护农业环境，使得土地流转过程不触碰土地政策红线。

（三）着力推进农业生态经济科技创新

在发展农业技术方面，我们可以向已具有成熟模式和成功经验的国家和地区学习。派遣有知识、有能力、愿意为农业生态经济发展贡献力量的青年人去交流学习；另外，政府应该加大引入先进农业科技的力度，拓宽农业发展视野；对于现有农业技术要加强宣传力度，优化宣传手段，提升农民学习、掌握、应用农业科技的能力。同时，加大对农技站等农业生产服务机构的建设，完善社会化服务体系。建议当地的农业院校配合当前政府发展现代农业的政策指引，对有条件的农民组织进行专业技术能力、高水平的理论知识指导、培训，促进农业科技在农业生态经济可持续发展中的推广应用。

（四）倾力培养新型职业农民

发展现代农业的关键因素是人才。为了能使现代农业生态经济得到快速发展，培养高素质的新型农民是目前乃至今后最有效的途径之一。为此，应该在义务教育的基础上，制定出专门培养农业人才的政策规范，培养出源源不断的人才就能让农业始终保持着蓬勃向上的朝气。另外，政府应该加大人才引进、保护政策，允许当地任职、任教的农业专家学者和技术人员通过提供增值服务合理取酬，保证当地人才进得来、留得住。

三、我国农业生态经济可持续发展案例

（一）武威市特色农业可持续发展模式

1. 制约因素

武威市位于甘肃省西部，区位优势明显，自然资源丰富，文化底蕴浓厚，是我国新丝绸之路上重要的城市之一。该市拥有胡麻、油菜、葵花籽等经济作物种植基地，声誉远播。武威市处于典型的干旱地区，雨水稀少，干旱天气多，沙尘暴天气持续时间长，影响恶劣。武威市特色农业可持续发展的制约因素主要包括以下几个方面。

①产业化水平不高。由于武威市特色农业起步较晚，农产品产后处理环节薄弱。畜产品深加工能力不足，企业影响力小；瓜果、蔬菜等保鲜能力弱，产品质量水平不高，产供销脱节。

②市场化水平低下。由于农产品市场信息闭塞，产品流通缓慢，供需矛盾

尖锐，特色农产品销售渠道单一，造成特色农产品损失严重，农民积极性下降。市场监管体制不完善，市场管理效率低下，市场交易过程中经常有欺行霸市现象出现。

③农业科技水平低。武威市种植业和畜牧业品种多，但是良种多数靠从外地购买，当地良种培育水平较低。另外，机械化水平低，产学研脱节也是目前面临的困境。人口基数大，农村教育落后，农村劳动力流失严重、科技供需不足等因素也导致农业科技水平低下。

④农业基础设施不完善。由于财政部门弱化对农业基础设施建设投入力度，导致该地区特色农业发展面临诸多风险和不利因素。农村供电不足，道路设施陈旧，灌溉设备陈旧、数量不足等，都会降低特色农业抵御自然灾害的能力。

2. 可持续发展策略借鉴

武威市提出摆脱特色农业持续发展桎梏的策略，主要包括以下几个方面。

（1）健全特色农业产业体系

实行"储藏加工＋运输销售"营销模式。支持和完善冷链设备基础设施建设，科技水平高的农产品储备、加工设备能有效提高农产品新鲜程度，提高特色农产品的附加值，产品质量大幅提升。加快物流系统建设，拓宽销售渠道。

（2）提升科技水平

特色农业抵御风险能力差，加大对特色农业生产模式科技创新的投入，提高生产效能，促进特色农业健康发展。引进良种，探索、推广瓜果蔬菜现代育苗技术，提高种子抗性；开展牲畜杂交改良工程，提高牲畜肉质和生育能力；研究动植物防疫免疫、消毒隔离等防病集控技术；提高特色农业生产水平，提升农业生产过程现代电气化装备使用强度，研究推广设备系统工艺技术等。

（3）完善特色农产品市场体系建设

政府需要加强政策引导。支持、鼓励涉农企业之间积极交流，踊跃参加特色农产品的展销会；政府需要加强各级农产品市场建设，形成以城市农贸批发市场为中心，县乡农贸市场为节点的农产品市场网络建设，优化市场结构。提高特色农产品的质量，建设以武威市为中心，辐射周边国家的特色农产品市场网点，提升国际影响力，增加贸易出口额。

（4）加大特色农业投入力度

武威市政府加大支持和保护特色农业财政资金投入，支持引导市场资本进入特色农业，承担基础设施建设和经营管理。农业类银行要加快完善经营管理体制，下放信贷审批权限，利用自身网点优势，拓展业务种类，加大投资力度，帮助现代农业加快发展。

（二）句容市东方紫现代农业产业园区可持续发展模式

句容市东方紫现代农业产业园区定位清晰，囊括了葡萄采摘、草莓采摘、品茶、紫酒体验，是一家集休闲娱乐、科研与生产于一身的企业。该园区采用了"公司＋基地＋合作社＋农户"发展模式，形成了"政府引导，多元投入"的融资格局。园区产业发展迅速，农民收入增加。

同时，园区在发展过程中遇到一些问题：一是园区建设缺乏资金投入。当地政府对园区的资金投入不足，园区融资难度大等原因导致园区的建设存在资金缺口，影响了园区建设，也影响了园区的规模和进度；二是园区科技力量薄弱。农业园区发展缺少专业科技人才，与相关科研院所交流不多、科研经费投入不足导致的自身发展动力不强；三是园区的农业生产结构不完善。主要表现在：农业作物生产季节性明显，综合效益低；四是园区休闲旅游产业发展萎靡。主要呈现出宣传营销手段落后，整体服务水平低下。

为此，加大投资力度和拓宽融资渠道成为东方紫产业园区破解发展难题的关键一步；同时加大科研投入，大力引进、培养专业人才，与科研院所积极交流；加大宣传力度，开发旅游产品；提高综合服务能力等都是有效提升产业园区产值和经济效益的有效措施。

第六章　现代城市生态经济的协调发展

现代城市生态经济是顺应我国提出的"两型社会"的生态经济发展宏观目标而发展的新型生态化城市。它是从重工业经济轻环境保护转向生态、经济双向发展的城市发展规划模式。本章分为生态城市的理念与内涵、生态工业和经济发展生态化、城市生态经济发展的可持续性三个部分。主要包括：生态城市的理念、生态化城市的发展意义、生态工业的内涵、生态化发展经济、城市生态经济环境因素和可持续性发展等内容。

第一节　生态城市的理念与内涵

一、生态城市的理念

最早提到"城市化"的是马克思，1858 年在著作《政治经济学批判》中指出"现代的历史是乡村城市化，而不是古代那样的城市乡村化"；1867 年西班牙工程师赛达在《城市化基本原理》中使用"urbanization"，首先提出城市化概念。

随着科学技术革命的推进，城市化在世界范围内加速发展，城市化的研究也兴盛不衰。城市化的系列分析研究在 20 世纪 70 年代末被引入我国，最初称为"城市化""都市化"，随后发现我国"镇"和"市"都属于城市型居民的特点，所以称为"城镇化"更为贴切，实际实践过程中"城市化"和"城镇化"的叫法混合使用，完全同义。城市化过程，不仅仅是人口由农村转移至城市，还交织着经济、社会、生态、政治等要素的复杂变化过程，其研究也体现出多学科综合性，各学科基于研究侧重点对城市化概念有不同的界定。

纵览我国的区域生态发展进程，我国中部地区生态城市化发展关系到国家战略实施和国家的可持续发展。随着国家"西部大开发"和"振兴东北老工业基地"战略相继实施，西部社会经济发展呈现良好势头，东北也焕发出勃勃生机。而中部地区因经济改革和产业结构调整难度加大，经济发展放缓，国家在提出

"中部崛起"战略，以实现中部地区又好又快发展。

2011 年中部地区粮食产量占全国 30.20%，是我国的粮食主产区和主要农产品生产基地；山西、安徽、河南、湖北是重要的能源生产基地，江西、湖南是著名的有色金属之乡；而人均 GDP 为 29 190 元，仅为全国的 82.97%，良好的资源优势并未转化为经济优势，促进中部地区经济实现赶超。斯蒂格列茨曾提出"中国的城市化将是区域经济增长的火车头，并产生最重要的经济利益"。

生态城市是区域生态经济的核心增长点，发展到一定阶段将通过扩散作用带动区域生态经济的发展，促进区域生态城市文明的扩展和现代化水平的提高。目前我国大部分地区正处于生态城市化加速发展阶段，鉴于此必须把握好生态城市化发展数量和质量的关系，制定符合地区实际的生态城市化道路，借助国家政策扶持实现崛起。同时由于历史基础、资源禀赋、区位条件，外部环境等原因，区域地区生态城市化发展处于严重的不平衡状态，这必然影响生态经济发展和崛起，进而引起国家区域经济差异扩大和国民经济可持续发展。

二、生态城市的内涵

（一）不同学科的内涵界定

人口学城市化定义即为日常的人口城市化，强调的是随生产力发展和农村剩余劳动力出现，农业人口逐渐转移至城市，最终导致城市人口数量增加占总人口比重逐渐上升和城市规模扩大、城市数量增多。由此衍生的城市化率（城市人口占地区总人口的百分比）由于简单易行，被人口学、社会学、经济学、地理学、普遍接受。目前研究内容还包括转移的农业人口为了适应城市生产生活而产生的就业结构变化和人口素质提高等。威尔逊在《人口学词典》中解释为"居住在城市地区的人口比重上升的现象。"美国经济学家西蒙·库兹涅茨认为："城市和乡村之间的人口分布方式的变化，即城市化的过程。"

社会学以人类社会规范为研究核心，认为城市化过程就是人类的乡村生活方式转变为城市生活方式。早期这种观点因为难以量化而不被认同，但随着城市化深入发展逐渐为别的学科所采纳。随着城市基础设施和社会公共服务的完善、人类生活质量的提高，人类的生产方式、社会组织关系、宗教信仰和价值观念都随着城市文明影响而发生了翻天覆地的变化。美国"城市社会学之父"路易斯沃斯曾指出："城市化意味着乡村生活方式向城市生活方式发展、质变的全过程；这里城市生活方式不仅指有别于农村的日常生活习俗、习惯等，而且还包括制度、规划和方法等结构方面的内容。"

产业结构的变化被经济学认为是城市化的标志内容，即农业活动向非农业活动转化推动了乡村人口大规模地向城市化转移。如科林·克拉克认为"城市化是第一产业人口不断减少，第二、三产业人口不断增加的过程"。也有很多学者认为城市化本身是经济发展动力、容易形成规模经济和集聚经济，同时资本、劳动力等各种生产要素在城市集聚必然会推动城市的进步。西蒙·库兹涅茨就有这样的观点："过去一个半世纪内的城市化，主要是经济增长的产物，是技术变革的产物，这些技术变革使大规模生产和经济成为可能。一个大规模的工厂含有一个稠密的人口社会的意思，也意味着劳动人口，从而从属人口向城市转移，这种转移又意味着经济投入的增长"。

地理学以人地关系理论为中心探讨城市化问题，分析人口、经济、社会、文化等城市化要素在地表集聚的空间结构特征和上述要素与地域空间相互作用的规律。日本地理学家山鹿城次认为"城市是地域上各种活动的中枢，城市化是由于社会生产力的发展而引起的农业人口向城镇人口转化的全过程"。除认同人口学、社会学、经济学等关于城市化的特征（地理学家曾指出城市化是生产力发展而引起的生产、生活、居住等方式变革的综合过程），更加强调城市地域空间的变化（区域内城市的数量和城市地域规模），因此地理学角度具综合性特征而独具特色。

上述各个学科基于研究需要对城市化某方面特征所下定义（虽地理学观点更具综合性特征，但也附属于其研究特性），均未给出城市化全面且具层次的内涵。现代社会深入发展，城市化问题日趋复杂性，因此多学科、综合性定义城市化概念是进行城市化多学科融合研究的基础。

（二）生态综合性城市化内涵界定

通过以上分析可发现：城市化是一个多重要素构成的复杂系统，至少包括人口、经济、生活方式、地域景观等方面的城市化。改革开放后我国城市化加速发展，发达国家100多年城市化中出现的问题在我国集中爆发，以"人口城市化"为动力导向导致的"驱赶型城市化""滞后型城市化"等问题丛生，城市化质量提升迫在眉睫。因此，人们基于可持续发展理论重新定义城市化的生态综合性内涵。

生态城市化是由社会化物质生产活动发展引起的人类生产方式和生活方式、物质文化和精神文化、人类和生态环境的关系由乡村向城市不断演变的过程；这是一个"经济－社会－生态"城市化三位一体的过程，其中经济是动力，社会是主体，生态是基础，是三者彼此作用、相互影响，有机协调达到最佳效益，实现人类社会可持续发展的过程。

具体内涵包括：经济城市化意味着生产活动由农村转移至城市，各种经济要素（劳动力、资源、资金、技术）流向城市汇集，推动着区域产业结构转换升级和经济增长方式转变，经济发展质量提升，促进区域社会和生态环境综合变化的过程；社会城市化是指由于经济发展使得人类社会城市人口比重增加，生活方式发生转变，人们身体素质和思想教育水平不断提高趋向现代化，城市基础设施和社会公共服务不断完善，使全社会充分享受经济发展成果的过程；生态城市化是由于经济社会发展使城市空间不断扩大，地域景观愈趋现代化、生态化，城市资源消耗和污染排放减少，环境质量明显改善，以最小的生态资本获取最大的经济社会效益。

权重分析表明：在21世纪开始的将近十年里，我国中部地区城市化表现为经济城市化为主导，生态城市化次之、社会城市化最小。城市化视域角度下，可以看到中部地区粗放式的经济发展和低下的经济效益未能有效提高人们的社会生活质量，不能满足公众对城市基础设施和社会公务服务的需求，同时地方政府片面追求城市化速度导致的城市规模扩大和忽视人们生产生活带来的城市环境污染使三者未能形成良性互动，不利于中部地区城市化可持续发展。

我国生态城市化时间演变特征有：城市化绝对差异呈起伏的"N"形变化，相对差异先升后降；安徽、江西、河南省内差异是中部地区城市化差异的主要贡献者；表明未形成明显的生态城市化高水平集聚区，但趋势加强。空间演变特征方面表现如下：省域上城市化表现为"江西、安徽、湖北争先，山西争第二，湖南、河南垫底"的空间格局；地市级一方面高于平均水平的一般为省会或工业地市，具有小型集聚、部分零散分布的特征，另一方面中低及以下水平占多数，空间上连片集中分布；城市化指数表明地市城市化呈两级"核心-边缘"空间结构。

通过耦合度计算表明经济-社会城市化、经济-生态城市化、社会-生态城市化、经济-社会-生态城市化均属于建立发展阶段；在协调度上，上述不同类型城市化的平均值分别还较低，均为不协调状态。说明我国局部地区生态城市化道路依旧是不可持续的，未能实现经济效益、社会效益、生态效益最优化。根据经济、社会、生态城市化三者协调度可以将我国所有地市分为综合协调导向型、经济-社会协调导向型、经济-生态协调导向型、社会-生态协调导向型四类，同时提出调控路径来促进我国地区生态城市化协调发展。

三、生态城市的意义

（一）丰富城市化概念内涵

传统城市化概念从人口、经济或土地角度出发，片面提出城市化定义。城市化的过程也是工业化的阶段，随着自然资源消耗和污染物排放增加，城市生态环境必然受到破坏。改革开放以来中国城市化取得了重大成果，但这是以牺牲环境为代价获得的。如今国内城市日益严峻的生存环境和人们生态意识的觉醒，片面追求发展速度和数量的方式已经不能适应时代发展需求，改善城市生态环境、提升城市化质量的呼声日益高涨。因此，基于可持续发展理论，构建"经济－社会－生态"城市化三位一体的生态城市化概念，对积极推进城市化理论研究具有重要的意义。

（二）规划学意义

城市规划实质是根据城市现有情况，对城市发展和建设的计划、调节和控制，通过优化调控实现人口、资源、环境和发展的和谐，达到城市经济效益、社会效益和生态效益的最优化。"经济－社会－生态"城市化综合测试度可以知道城市发展过程中经济、社会、生态发展现状，发现问题，为制定城市规划奠定良好基础和提供决策依据；"经济－社会－生态"城市化的耦合协调性分析可以知道城市哪方面发展超前、哪方面滞后，进而为城市规划确定三者发展重点和协调优化、实施次序，使规划的针对性更强。因此"经济－社会－生态"城市化测试度可以为城市规划提供重要的理论依据和重要补充，同时也可以作为城市发展战略和质量的有效分析工具。

（三）实践意义

我国中部地区是经济欠发达地区，城市化低于全国平均水平，目前处在生态城市化加速发展阶段，各种问题层出不穷。因此，基于"经济－社会－生态"视角对其城市化进行综合测试，揭示其时空演变规律，有利于发现中部地区各城市经济、社会、生态等方面的发展现状及差异，为政府部门制定良好的城市发展战略（城市规划）提供决策依据，同时也可缩小中部地区发展差异；三者的耦合协调性分析能明确各城市宏观调控的全局和重点，把握生态城市化发展数量和质量关系，提高中部地区经济实力，促进中部地区城市可持续和谐发展具有重要现实意义；再者可为其他区域城市化研究提供方法借鉴。

四、影响生态城市的评价因素

(一) 森林覆盖率

森林覆盖率对生态环境的影响呈正影响。即该数值越大，生态环境的状况越好。较高的绿化覆盖率对城市灾后恢复具有不可替代的作用。

(二) 人均绿地面积

人均绿地面积是指建成区绿地面积与常住人口之比，与生态环境关系呈正相关。即该值越高，对生态环境压力越小，生态环境质量就越好。绿地面积的增加，对净化空气、涵养水源有促进作用，能进一步改善环境状况，对促进生态恢复重建起着重要作用。

(三) 污染治理完成投资额

污染治理完成额是指地区在治理污染方面投入的资金总额，对生态环境的影响为正影响。投资额度反映了一个地区对环境污染治理的重视程度，治理污染是改善环境状况的必备条件。即该数值越大，表明该地区的生态环境越易得到改善。

(四) 固体废物综合利用率

计算公式如下：

固废物综合利用率＝固体废物综合利用量／固体废物产生量×100%

数值对生态环境的影响为正影响。即该数值越大，生态环境状况越良好。

(五) 生活垃圾无害处理率

生活垃圾无害处理率是指无害化处理的垃圾量占总处理垃圾量的百分比，与生态环境的关系呈正相关。居民生活垃圾的产生是环境污染的一大重要来源，因此，加大治理生活垃圾能够有效遏制污染源头，从根本上解决污染治理难题。该数值越大，表明地区的生态环境越好，如表 1 所示。

表1 影响生态环境—区域灾害—社会经济活动耦合关系的生态环境要素

	构成要素	衡量指标	作用关系
生态环境要素	生态环境状态	环境资源因子	正相关
		环境质量指数	正相关
		水土面积流失比	负相关
		人口密度	负相关
		人均建设用地面积	负相关
		建成区绿化覆盖率	正相关
		城乡人口比例	负相关
		水域及水利设施用地比例	正相关
	生态环境压力	人均工业"废水"年排放量	负相关
		人均工业"废气"年排放量	负相关
		人均工业"固体"废物年排放量	负相关
		人均用电量	负相关
		人均用水量	负相关
		土地人口承载力	负相关
	生态环境响应	森林覆盖率	正相关
		人均绿地面积	正相关
		污染治理完成投资额	正相关
		生活垃圾无害处理率	正相关
		固体废物综合利用率	正相关

第二节 生态工业和经济发展生态化

一、生态工业的内涵

（一）发展背景

自 20 世纪 80 年代以来，我国经济建设取得了巨大的成就。然而，经济的快速增长也带了严重的资源、环境问题。国外对经济发展、资源节约与环境保护之间的矛盾早就引起了重视，近些年我国政府也开始逐渐重视。党的十七大第一次提出了建设"资源节约型、环境友好型社会""十一五""十二五"期间，党中央都正式将节能减排、环境保护作为经济发展的约束性目标，这都体现了我国政府从战略高度对生态经济的越来越重视。

工业企业作为地区发展中重要的角色，对经济、社会发展起着不可缺少的作用。在新的形势下，我国继续大力发展工业经济将不可逆转，然而，工业又是资源消耗大、污染排放严重的产业，提升工业企业的生态经济效率是解决经济发展、生态环境保护的有效手段之一。

我国东部地区工业企业生态经济效率比中部地区高，中部地区比西部地区高；通过对投入指标与产出指标分析发现，水资源、能源投入冗余及环境产出过剩是导致部分地区工业企业生态经济效率较低的主要原因；再利用技术研究方法对投入指标对生态经济效率影响分析，发现减少水资源和能源的投入不会明显降低工业企业生态经济效率；通过以上分析得出降低水资源、能源投入，提高资源利用效率，减少污染排放是提高工业企业生态经济效率的有效途径。

工业作为国民经济中重要的产业，对地区经济的发展和社会的进步承担着不可忽略的责任，然而工业又是资源消耗量大，污染严重的主要产业之一，提高工业企业生态经济效率是实现经济、资源与环境协调发展的有效途径之一。因此，有必要对工业企业生态经济效率进行合理评价，对降低生态经济效率的因素进行研究，据此提出提高区域工业企业生态经济效率的对策。

（二）发展意义

1.理论意义

目前理论界对生态工业经济的研究已经有所成就，部分学者从环境规制、吸引外资、创新、工业的产业性质等多个角度对工业生态经济的影响因素进行了研究，然而人们对如何提高工业生态经济效率还没有一个非常清楚的认识，特别在"两型社会"建设的背景下，各地区工业企业生态经济效率的评价方法以及应该在哪些方面提高资源利用效率、减少环境污染上尚没有一个明确的结论。因此，对工业生态经济的研究对已有的理论有着充实的积极意义。生态工业经济的发展无论从理论分析研究领域还是在实际社会整体经济生态化发展的进程中，都占有很大的理论研究比重，是完善整体社会生态经济体系的重要内容。

2.现实意义

利用最新数据研究我国在"两型社会"建设背景下工业生态经济具有更加紧迫的实践意义，分析评价我国现阶段不同区域工业企业生态经济效率，在此基础上进一步分析影响各地区工业生态经济的原因，从而为有针对性地提出提高我国不同区域工业企业生态经济效能的意见与建议，有利于工业生态经济的可持续性发展。

同时，要不断地边研究边探索，在实践用大力发展工业的生态经济化。工业经济发展无疑在社会总体经济中占有重要的位置，社会总体经济发展离不开工业经济的发展，在构建"两型社会"进程中，既不能放松工业经济的发展速度，也不能允许工业经济开展对生态环境的肆意破坏。加大速度和力度发展工业经济生态势在必行，是我国乃至全球的经济发展趋势。

二、经济发展生态化

（一）经济生态化与生态经济化关系

经济生态化其本质是指在某一国家或地区经济建设发展过程中，需要把生态环境保护的理念融入到其中，用环保视域下开展相关的经济建设活动。而生态经济化即针对自然资源而言，不但需要就自然经济资源进行考量，同时还需要关注当地的自然生态资源。自改革开放之后，我国的经济的确取得了长足的发展，但在早期经济建设过程当中，大多是以牺牲环境作为代价的，而在现代经济发展观影响下，人们愈发认识到了，想要实现经济的长期健康发展，各种元素都在其中有着十分重要的功能，若仍未对生态环境保护加以重视，我国今后的经济建设发展必将受到严重影响，而良好的环境保护，却能够为我国今后的经济发展创造良好条件，因此，为了让我国经济能够长期向好发展，针对环境保护工作进行高度重视是其中一项重要前提。

从宏观角度来讲，一个国家和地区针对经济的建设和环境的保护，两者看起来相互矛盾，并且无法协调。一方的建设必将导致另一方的弱势，但在实践过程中不难发现，经济建设和生态环境保护二者是能够并行不悖的，并非传统意义上此消彼长的关系，在正确的方式方法前提下，在保持经济高速增长的同时，生态环境一也能够受到有效保护。简而言之，生态经济化和经济生态化，两者之间并不矛盾，甚至可以是相辅相成的，这就需要我们深入分析目前经济生态化和生态经济化融合过程中所面临的突出问题，探寻问题的解决途径。

（二）经济生态化与生态经济发展的实现途径

①对生态环境制定出合理的价格。在经济学理论当中，价格是指导行业行为的重要杠杆，因此我国必须要基于现有的生态环境资源进行价格制定，让所有对生态环境造成污染破坏的单位或个人都需要付出与之相对应的代价，并且让对生态环境保护工作作出了贡献的单位或个人都能够得到对应的补偿，通过上述价格杠杆的控制，使其在全社会范围内形成保护生态环境，促进经济良性发展的正确格局。

②对产权制度进行完善。完善相关产业指导政策，强化对环境保护方面行为的法制建设活动。另外，对于产权的限定是相关产业今后生存的重要前提，所以很多的生态环境资源是能够进行产权的判定的。针对诸如大气、海洋等在产权界定上存在分歧或困难的自然资源，可以采取其他可行的方式进行产权界定并开展相关的保护活动。

③建设自然资源要素市场。通过政府政策的宏观指导，建立自然资源要素市场，企业如果想要获取相关自然资源，就一定要在自然资源要素市场中进行贸易流动。这样能够使企业在自然资源发展过程中，实现对外部成本的内部化运转，让企业在日常生产活动中，将环境资源保护提升到更高的高度，让产业今后发展方向必须要向着生态化建设迈进，由此降低各类企业在经济发展过程中，对环境所带来的损害。

④调整产业结构。从生态环境保护和保障经济发展作为出发点，生态经济化和经济生态化是相辅相成的，政府引导企业产业政策调整上，在提升产业规模和优化产业结构的同时促进生态环境保护工作的推进。

第三节　城市生态经济发展的可持续性

一、城市生态经济环境内涵

（一）城市生态环境状态

城市生态环境状态是指城市生态环境对遭受人类活动之后的自我调节后呈现的一种状态，是影响城市生态环境总体水平的重要因素之一，主要包括环境资源因子、环境质量指数、水土面积流失比、森林覆盖率、水域及水利设施用地比例、建成区绿化覆盖率、人均公共绿地面积等。

1.环境资源因子

环境资源因子是构成环境的一个基本单位，如一个地区的气温、湿度、降雨量、风等。环境资源因子对生态环境的影响表现为正影响，即环境资源因子越适中，生态环境越好。

2.环境质量指数

环境质量指数是指在研究环境质量过程中，依据一定的标准，运用某种定量方法评价环境质量的数值，对生态环境的影响表现为正影响，即环境质量指数越高，表明生态环境越好。环境的质量参数以及质量标准复合形成了环境质量指标，所以该值越大，表明当前环境污染越小。

3. 水土面积流失比

计算公式如下：

水土面积流失比＝地区水土流失面积／总土地面积 ×100%

数量对生态环境的影响表现为负影响，即水土面积流失比越大，生态环境越差。因为水土面积流失越多，表明该地区的生态水源涵养能力越低，由此带来的山体滑坡等自然灾害越多，对生态造成的危害就越大。

4. 人口密度

人口密度是指地区常住人口与总土地面积之比，对生态环境的影响表现为负影响，即人口密度越大，生态环境状态越低。人口密度的增加表明单位土地人口占比增高，人类活动随之增大，对环境的利用需求度增大，进一步加大了对环境的破坏。

5. 人均建设用地面积

各项建设用地总面积与城乡人口之比，与生态环境的关系呈负相关，即人均建设用地面积越大，生态环境状态越差。建设面积的扩大表明人类对土地面积利用率的增大，原生态土地面积缩小，不利于生态的友好发展。

6. 建成区绿化覆盖率

建成区绿化覆盖率是指城市建成区的绿化面积与建成区面积之比，与生态环境的关系呈正相关，即该值越大，生态环境状态越好。城市绿化面积越大，对改善城市空气质量效用越大，即能进一步改善城市整体生态环境状况。

7. 城乡人口比例

城乡人口比例是指地区城镇常住居民与农村常住居民人口之比，对生态环境的影响呈负相关，该值越大，生态环境状态越差。人口比例的增大，表明常住人口的增多，地区的社会活动也随之增加，对生态环境的破坏也进一步加大。

8. 水域及水利设施用地比例

水域及水利设施用地比例是指用于水库等建设的土地面积与地区总土地面积之比，对生态环境状态的影响呈正相关，即该数值越大，生态环境状态越好。水库和水工建设面积越大，表明涵养水源能力越强，抗干旱风险能力就越强，对形成良好的生态环境有促进作用。

（二）城市生态经济环境指数

1.经济规模指数

参考已有文献并结合数据的可获性原则，经济规模指数主要包含：地区生产总值、人均 GDP、地方财政一般预算收入、区域工业（单位）增加值和社会消费品零售总额，这些指标与经济子系统的关系均呈现正相关。

2.人口综合指数

综合来看，人口综合指数主要包括城市化率、第三产业就业人数占比、大专及以上人数占比。其中，城市化率能够反映人类社会城镇进程的变量，是一个负向指标。其余指标为正向指标，其中，大专及以上学历人数占比能够反映一个地区的人口素质，人口素质越高，地区整体环保意识越强。

3.经济建设指数

经济建设指数由建成区面积、城市道路面积和人均道路面积组成。与经济子系统关系呈现正相关，指标值越大，说明地区经济发展水平越高。

二、城市生态经济的可持续性发展

（一）发展内涵

从可持续发展观点提出城市化概念，人们认为城市化是由社会化物质生产活动发展引起的人类生产方式和生活方式、物质文化和精神文化、人类和生态环境的关系由乡村向城市不断演变的过程；是一个"经济－社会－生态"城市化三位一体的过程，其中经济是动力，社会是主体，生态是基础，是三者彼此作用、相互影响，有机协调达到最佳效益，实现人类社会持续发展的过程。

生态城市化是由于经济社会发展使城市空间不断扩大，地域景观愈趋现代化、生态化，城市资源消耗和污染排放减少，环境质量明显改善，以最小的生态资本获取最大的经济社会效益。

依赖不可更新资源的经济发展模式对系统的健康可持续发展会造成影响，而在经济迅速发展的同时，配套废弃物的处理效率没有跟上，也会限制了城市生态经济系统的可持续发展。人们在研究城市生态经济可持续性发展时，会通过对城市内太阳能、风能、雨水化学能、雨水势能、地球旋转能、肉类、粮食、水产品、电力、煤炭、钢材、水泥、氮肥、磷肥、钾肥、农药、塑料、表土层净损失、废气、废水、废固、实际利用外资、进口额、外商投资、输出额等进行能值计算，完成生态经济指标的综合计算。来分析各子区域内系统社会经济发展对区域内系统以外其他影响因素的依赖程度。

城市生态经济的可持续发展如今不断地面临多种新型问题的考验，随着碳排放量增多，空气污染严重，温室效应日益加剧，碳排放引发的生态环境问题逐渐演变为全球经济、政治问题。

城市生态经济的可持续发展目标是为了在城市生态环境状态不断地进行良性循环的前提下，获取最大的经济价值，高污染的传统工业碳排放生产正悄然转型为低碳化模式，随着低碳经济时代的到来，怎么样合理运用稀缺的新型流动资源和能源，既能使企业向技术低碳化转型，又能实现经营利润，是推动低碳生态城市经济在全球发展的重要内容。

（二）可持续发展方向

1. 综合协调性导向型城市

我国中部地区，郑州、武汉、长沙、南昌、合肥、太原是中部六省省会，也是区域内主要中心城市，但目前辐射带动不强，经济竞争力较低。因此，应淘汰不适合自身发展的产业转移至周围欠发达地市，以此带动周围地市发展；利用自身优势吸引区域外资金和技术改造提升传统产业，发展资源消耗低、环境污染少的现代制造业、高新技术产业、劳动密集型的现代服务业等，以此增加自身经济实力，吸引自身和省内（农村剩余）劳动力就业，走集约高效的发展道路，发挥对省内经济的辐射带动作用；根据自身完善的现代交通运输体系，加强运输业和物流业发展，成为各自省内人员和货物集散中心、对外联系主窗口；加强对劳动力培训，增强就业资本以促进收入增加，同时完善人们生活、出行、工作、医疗等需要的基础设施和社会公共服务，提升居民生活质量；根据经济发展需求和人口社会发展规模合理规划城市空间，制定严格的环保政策、增加环保资金投入，对生产生活产生的污染进行综合治理，以实现城市空间的合理利用和环境最优化。

新余、铜陵、马鞍山、芜湖虽经济、社会、生态城市化协调较高，但新余、铜陵、马鞍山是资源型重工业城市，产业结构单一（新余以钢铁、光伏产业为主，铜陵、马鞍山是安做主要铜产业、钢铁产业基地），经济缺乏新的增长点，易受国际经济环境影响导致经济大起大落，同时对城市生态环境和人们健康产生严重破坏；芜湖现为安徽主要综合工业地市之一（以汽车、电子电器、新材料、电线电缆为主导），但第三产业发育不完善（2011年增速比第二产业慢10%，所占比例仅为29.7%）。因此新余、铜陵、马鞍山可依托原有产业优势发展新型材料、特种钢材、机械等产业，提高原材料利用率、降低污染物排放，实现废弃物综合利用，同时培育新的经济增长点：利用临近东南沿海优势选择性承接符合自身实际的产业转移，三市可建立工业文明博物馆（展览馆）、发展工业旅游等（新余更可利用仙女湖的生态优势扩大知名度，发展生态旅游）；芜湖应扩大开放，吸引国外资金和先进技术发展高新技术产业，提高现有产业科技含量，做大做强民族品牌，发展与工业配套的现代服务业，促进经济综合实力增强。在此基础上增强对周围欠发达地市辐射：吸引农村剩余劳动力就业（弥补本身不足），发展一定阶段后将不具备优势的产业转移至这些地市；鼓励周围地市向它们输出农产品，促进农业产业化发展，由此形成区域经济一体化。

2."经济-社会"协调导向型城市

大同、阳泉、长治、晋城、朔州、晋中、忻州、临汾、吕梁均为煤炭资源丰富城市，除大同、阳泉、晋城外城市化水平均偏低，因此从各自实际出发，改变传统产业结构，深化煤炭资源综合利用，发展煤炭深加工及相关化工产业、冶金业；争取国家资金扶持，促进城市转型，治理污染，改善生态环境，根据经济发展状况和地形地貌情况高品位规划建设城市，提高生态城市化水平；各地市利用厚重的历史文化和丰富的人文旅游资源发展旅游业，从自身资源特色形成联合旅游产品，拓展市场，打造独特的"晋文化"旅游品牌，带动就业机会增加，同时完善基础设施和社会公共服务，以此增加人们收入和提高生活质量。安庆、池州、九江、吉安、抚州、洛阳、开封、平顶山、新乡、许昌、三门峡、宜昌、株洲、湘潭、衡阳、岳阳、常德这些地市具有一定工业基础或良好区位条件，应当制定优惠政策促使自身工业做大做强，通过加强与省会城市产业的对接明确分工和合作，根据自身优势发展高新技术产业和旅游业，有选择性地承接东部沿海产业转移，走集约高效发展之路，减少资源消耗和环境污染，以此增强经济实力和资本积累。同时根据发展需要和前景进行城市建设，发展成宜居宜业的现代化城市。

3."经济-生态"协调导向型城市

以资源为导向的工业地市并且地方财政收入不高会导致用于社会建设资金不足，因此在将原有优势产业做大做强基础上，通过民营经济和扩大招商引资力度发展外向型经济一方面促进当地居民就业和收入增加，另一方面增加地方财政收入开源渠道用于完善地方基础设施和社会公共服务，改善社会环境，提升社会城市化水平；申请国家资金和政策倾斜，用于改善前期经济发展造成的环境污染和破坏，对废弃的工矿用地进行重新规划和利用，以达到节约土地资源，提高生态城市化水平；同时根据自身旅游资源进行开发，发展旅游业，使产业结构合理化和经济全面化，进一步增加地市经济实力。可以通过政策倾斜促进原有资源优势或产业优势做大做强成为经济的增长点，以此增强地区经济实力和财政收入，用于完善基础设施和公共服务，提高社会城市化水平，为招商引资提供良好社会环境支持；同时利用原有生态优势加大招商引资力度，发展战略性新兴产业和以旅游业为主的第三产业，促进本地居民就业和生活质量提高，实现经济、社会、生态城市化的协调发展。可以通过鼓励社区居民参与到旅游业发展中（如开发旅游产品和特色旅游项目等）促进当地居民向第三产业就业，增加收入，同时开发特色旅游项目和优惠措施改变旅游淡季对经济社会发展影响；建立的旅游基础设施和公共服务向本地居民开放，提升社会城市化水平。

4. "社会－生态"协调导向型城市

我国部分城市因为地形影响而远离经济发展核心区域，因此应争取政府资金扶持，改善交通状况，打通对外联系通道，为经济发展提供条件；利用自身农业优势发展特色农业，深化农产品加工，走农业产业化之路，促进农民收入增加和生活水平提高；这些地区拥有较为丰富的矿产资源，在可持续开发前提下，引进区外先进技术进行资源的开采、加工，形成完整的资源产业链，以增加自身经济发展能力，促进地市农民向第二产业就业；以此为基础完善原有的城市基础设施和社会公共服务，同时配套优惠政策吸引区域外甚至国外投资，有选择的发展污染低甚至无污染的产业，促进城市居民的就业和农村剩余劳动力进城务工，促进他们收入增加和人口城市化发展，也使地区经济发展步入良性轨道；借助良好的自然生态环境和独特的人文历史发展旅游业，例如赣州是国家历史文化名城、客家文化厚重，十堰市武当山是我国四大道教名山之一世界文化遗产，大别山是我国重要的红色旅游胜地等，湘西南独特的民族风情，带动就业机会增加和第三产业发展，提升经济综合实力。再比如，上饶、荆州、咸宁、益阳这些地市可加强防洪设施建设，为经济发展提供防护；临近省会且地形平坦的优势，可向省会或工业地市提供农产品和粮食，可走农业产业化经营之路，发展食品加工业等；通过上级政府做好统筹发展战略，合理定位与省会产业分工与合作，避免恶性竞争，同时完善服务设施做好省会转移产业的承接，促进自身工业发展，以此推动农民就业机会的增加和城市化进程。像运城和黄淮平原地市关系我国粮食安全，不宜发展具有污染的工业，应充分利用自身优势向沿海区域和省内发达地市输出粮食和农产品，走产业化经营之路；申请上级政府财政转移支付和资金投入以改善交通等基础设施建设，提升社会公共服务，加强对外联系：靠近东部沿海的优势可承接污染少（无污染）的产业转移或发展劳动力密集型高新技术产业，以此促进剩余劳动力向城市就业；运城和黄淮平原地市属我国中原地区，历史文化悠久，可充分挖掘人文旅游资源，发展以旅游业为主的第三产业，加速劳动力向二、三产业转移，提升经济竞争力。上述地市还应根据现实需求合理拓展城市空间规模和建设地域景观，节约土地资源，走资源节约、环境优化的城市化道路。

第七章 区域生态经济社会全面、协调、可持续发展

区域生态经济的发展是适应我国各地区自身生态经济环境状态的特征和可持续性特点发展起来的。这一发展体现了我国各区域的生态经济环境多样化，说明了生态经济发展不是千篇一律的程式化发展，需要遵循区域生态的客观规律，因地制宜地制定区域发展生态经济战略，保障生态经济发展的可持续性。本章分为区域生态经济社会协调发展规划、区域生态经济发展的战略要素和区域生态经济发展的可持续性三个部分。主要包括：区域生态经济发展的背景和意义、区域生态经济发展的具体措施、区域生态经济的可持续性发展方向等内容。

第一节 区域生态经济社会协调发展规划

一、发展背景和意义

（一）发展背景

我国现有濒临失调区域省份数量明显减少，初级耦合协调区域省份数量呈现增多趋势。从整体状态来看，总体耦合发展情况得到一定改善，对指标原始数据进行分析，发现主要是由于经济水平的提高和环境质量的改善，使得生态环境要素中固废利用率、日垃圾处理能力和绿地面积等和社会经济活动中的工业增加值和社会零售消费品总额等方面都得到了显著的改善。虽然经济、社会、生态三个系统之间耦合协调度处于中等水平，但都处于能被经济发展带动的状态，整体来说是良性发展趋势。也有部分年份发展趋势出现一定的回落，这是因为自然灾害的发生具有不可预见性，如2013年，我国大部分地区遭受灾害均比其他年份多，造成的经济损失也最为严重，像地震、特大冰雪灾害等，使

得区域灾害子系统波动较大，影响了整个系统耦合发展度。从我国整体分布看，中部地区和东南地区发展较好，西南地区和中西地区则处于发展劣势状态。

我国生态经济高耦合度值的地区大多为边疆地区和南方部分省份，具体为黑龙江、内蒙古、山西、青海、广西，以及湖南和湖北。虽然这些地方经济发展水平较为落后，但是自然资源十分丰富。同时，各种工业污染物排放较之东部和中部地区少，因而生态环境评价得分较高。因此，这些省份的耦合度居于全国前列。然而，低耦合度的地区也包含一些东部经济发达省份。例如，河北、山东、江苏、上海和西北地区的陕西等，还有西部地区的贵州和甘肃。由此可以发现，低耦合度地区大部分都是经济发达地区，是因为这些地区自然资源稀缺，同时各种工业污染物排放量和城市化率较大，由此造成了生态环境系统评价得分不高，从而造成了低耦合度的局面。其余省份均为勉强耦合型，这些省份各子系统发展较为均衡，因此耦合度属于中度耦合状态。

四川、贵州、云南、甘肃、青海等省份的耦合度水平处于不断优化过程中，由濒临失调状态转变为勉强或初级耦合协调状态。在近年的发展过程中，这些省份不断加大环保措施，环保投资额度也在逐年上涨；北京、上海、江苏等省份的耦合协调度一直保持在中级耦合协调度水平，其中，江苏耦合水平曾经出现了最低点，通过分析其各指标情况，发现江苏省近年人口密度、人均废气排放量比较大，从而影响了生态环境子系统的整体水平，进一步降低了系统整体耦合协调度。还有部分以资源型企业为主的省份，如山西、内蒙古等省份，这些省份主要以煤炭资源为经济支柱，但从近几年开始，国家大力倡导并开发新能源，同时限制了煤炭企业的发展，因此影响了这些省份的总体经济发展水平，进而降低了系统耦合协调度。而湖南、广东等省份，一直以来都是变动的，主要是由于城市人口的变化幅度不定，而城市化率在整个评价体系中所占的比重较大，因而影响了整个系统的耦合协调度。

（二）发展意义

从各个区域的生态经济发展状况来看，全国的社会经济活动总体呈"M"形趋势变动，区域灾害综合指数变动幅度较大，表明灾害发生具有不确定性，且与经济活动有一定的关联性，但不明显，总的来说社会经济活动越强，区域灾害发生的可能性越大。生态环境综合指数总体变化趋势为"N"型。而通过研究自然灾害和社会经济活动之间的关系，发现自然灾害造成的人员伤亡和经济损失会直接或者间接地刺激经济，而经济发展水平会扩大或缩小自然灾害给人类社会造成的损失。

　　人类对当前自然界存在的资源和环境过度的调动和利用的社会活动，在一定技术水平制约下，若过度要求提高社会生产和生活水平，就会间接导致人与自然关系的矛盾，随着时间推移，必然会引起自然区域的灾害。生态环境、区域灾害和社会经济活动的耦合关系表现如下：人类社会的活动会对生态环境造成压力，在这种情况下，原生态环境会发生变化，通常是环境的恶化即环境质量下降，进一步会诱发自然灾害。也就是说，社会经济活动在一定程度上胁迫灾害发生；自然灾害的发生会使区域的人财物等遭受破坏，约束人类社会的发展。

　　总体而言，只有三个子系统：生态环境、区域灾害和社会经济活动子系统均衡发展，整个系统的耦合度情况就会越好，任何一个子系统发生变化都会影响整个系统的发展。遵循各个区域生态环境规律，研究开展区域内经济社会的发展，是生态经济的可持续性发展的具体延伸。有利于促进生态经济中的经济、生态、社会这三个子系统的相互作用。

二、发展规划和具体措施

（一）发展规划

　　区域生态经济发展规划，在政策协调性提升把握了不同政策之间的内在联系，遵循产业生态经济系统的发展规律，统筹任务安排，构建政策发展格局，综合分析区域要素和产业结构的优势和不足，与时俱进、扬长避短，提高了区域生态经济社会的高水平发展。

　　加强宏观战略规划与微观刺激性政策相协调，长期计划性政策与短期适应性政策相配合。我国区域生态经济发展宏观政策的制定遵循产业系统发展规律，统筹政策任务安排及政策目标考核，构建区域性的产业系统整体发展格局；具体落实到关键政策工具的运用上，同时综合考虑了各省、各区域要素结构的集聚能力和各省、各区域的产业结构特点。在推动科技政策与产业政策间的协调上，充分利用科技资源和科研优势，围绕创新链部署产业链，充分发挥财政科技研发投资、人才引进、科技企业培育等政策工具的作用，将科技成果、科研力量集中到主导产业，打造产业结构高级化并反过来支撑要素结构的升级。财政部门进一步优化鼓励科技创新的政策，完善基础设施建设以及生态环境保护政策，重视评估与污染物排放总量挂钩的财政政策，推广差别化的土地税收政策，加强政策协调，重视政策落实。

　　目前，导致我国工业企业生态经济效率较低的最大的两个直接原因为水资源的投入冗余和环境产出过剩，这几乎是所有区域生态经济效率较低地区的共同原因；同时，部分区域工业生态经济效率较低的原因是能源投入冗余；生态经济效率较低地区的资本投入与人力资源投入冗余基本都很小，其中资本投入冗余较低可能与我国这么多年对资本投入较谨慎、需通过严格的事前审批、时后审计并对审计报告进行披露的程序有关；总体来说我国各地区经济产出不足率几乎为零，这与我国近年来工业经济快速发展有关，但西部部分地区工业企业生态经济效率上存在一定的发展空间，可以继续改善。根据我国区域性生态经济发展总体水平来看，水资源投入的减少不会明显降低我国生态经济效率；能源投入的减少对我国生态经济效率的降低也相对有限；而资本与人力资源两大投入对我国区域性的生态经济发展的影响却是较大。因此，未来几年，我国部分地区的企业应该减少水资源与能源的投入，同时需要减少环境产出从而提高地区的生态经济效率。

区域性生态经济系统政策的顶层规划目标是实现经济价值与生态价值的高水平协同创造，这要求规划的制订要实现功能和结构之间的协调。重视政策反馈功能的实现，着重加强各部门信息的采集、发布、共享等各环节的监管；持续健全信息公开制度的规范，为各项任务的落实落地提供坚强保证；通过财政、行政及法律手段鼓励并规范信息平台的建设，构建规范通常的信息互联互通网络，保证政策实施过程中各主体、部门和环节之间的有效信息传递，努力探索公众互动参与的新模式，推进开放式数据共享应用，提高信息的传播到达率。

区域性生态经济发展规划通过因地制宜的政策制订原则，实现区域性产业系统发展特色。立足与本地区的要素结构特点和实际发展阶段，研究确定清晰的发展目标、路径、主攻方向和关键举措。进一步做大做强实体经济，加强科技创新、金融、人才等政策的相互配合，形成有效的政策合力，提高要素结构高级化，促进产业转型升级，塑造区域经济产业结构的内生驱动增长动能，实现更高质量、更有效率、更加公平、更可持续的发展。

（二）具体措施

在保持区域性生态经济协调发展这一特点上，我国着力加强在补缺短板方面的政策制订，提高发展的协调性。在生态建设方面，统筹财政金融激励手段与行政法律规制，落实好水资源、大气及土地资源的治理任务。优化生态补偿转移支付制度，通过财政投入加强生态红线领域的修复和补偿；完善排污权交易制度，综合资源稀缺和区域发展程度制定合理的排污权期限和贴现率；补齐民生短板，将强财政、金融手段，产业、贸易政策与人才政策的衔接，促进结构调整与就业转型协同，小微企业协同发展与就业提质同步、稳定就业与防范事业并举，促进就业稳定。

重视短期政策的制订和实施，阶段性的短期适应性政策综合效能的提升是宏观层面战略规划实现的必由之路，通过对宏观目标进行层层分解，形成不同领域的短期阶段性目标，循序渐进，最终实现宏观目标。因此，必须实现短期政策的效能，根据政策解决的问题构建特定时期内可具体衡量的政策目标，提高政策目标的准确性；短期政策措施的制订应尽可能保证清晰、具体且详实，提高政策的可执行性和可操作程度，政策实施过程的考核保证落到具体的层级和部门。

各区域生态经济系统运行是螺旋上升的过程，系统发展是一个循序渐进的过程，它依赖于前期的成果积累。作为实现系统目标的手段，在制订规划、政策过程中需要考虑前期的政策对系统运行的后续影响，保证宏观政策的稳定性和连续性，完善市场激励措施更好地发挥政府的行政规范和引导作用，重视政策的功能延续和执行过程中的可持续。增强中、微观政策的灵活性和适应性，以提升政策调控的针对性和有效性。

第二节　区域生态经济发展的战略要素

一、战略发展背景及原因

（一）发展背景

中国经济飞速发展带来的是国富民强，但是，发展模式多为"资源换经济"。因此，造成了资源约束趋紧、环境污染等问题。而生态环境的恶化又会间接引发自然灾害，如：森林植被遭受破坏后，会造成水土流失；温室效应会引起海平面上升从而引发海啸等灾害。灾害的发生会给人类社会造成毁灭性后果或加剧环境恶化。由此可看出，灾害频发、环境恶化等不利因素均制约着我国生态经济的可持续发展。

中国逐渐意识到经济发展过快带来的生态环境问题和自然灾害问题。因此，逐步把生态文明建设提到主要战略位置，同时，国家实施了一系列治污措施来治理环境污染并不断建立健全防灾减灾体系。中国自 2013 年进入经济新常态以来，一直面临着巨大压力，环保形势也日趋严重。诚然，保持稳定的经济增长速度和维持良好的生态环境对中国可持续发展有重要作用。而自然灾害的发生在一定程度上会破坏经济和生态环境的和谐发展。如何协调"生态—灾害—经济"三者的发展关系，创建生态文明、灾害少发和环境友好的可持续发展模式已经成为迫切需要研究的问题。

与此同时，国家发展过程中，中央层面注意到区域性的自然灾害对生态环境的影响至关重要，统筹开展生态经济的发展显然已经不能适应各区域内部以及各区域之间的生态经济发展实际形势，因此，区域性的生态经济发展战略应运而生，在近几年的实践发展中，这一发展战略也去得了显著成果。

（二）发展原因

区域性的生态经济发展受多方因素影响，这些因素并不呈现单一的影响结果，往往是多种因素的相互交叉或因果行为而产生的综合性非线性的结果。其中，区域灾害、社会经济活动、生态环境压力等，都形成了一定区域的特殊生态经济环境。因此，进行生态经济的发展，有必要开展区域性的发展。

区域灾害是一种复杂的自然现象，它的发生受自然环境的影响。灾害发生的原因主要包括自然变异和人为影响。目前对区域灾害尚无统一的定义，为合理研究区域灾害，人们对其定义如下："短时间之内，以自然变异为主因产生并衍变为自然态的灾害称为区域灾害"，比如说海啸、地震、洪涝等。

综合以前学者的研究，区域灾害有着危害性、意外性、连发性、时空群发性的特点。给人类造成重大的损失，严重威胁社会发展。同时区域灾害的发生又无法预测，通常诱发次生灾害的发生。灾害发生在一个时空段中，可能相对集中。

社会经济活动是一个以人为中心，包括社会、经济、科技等多个方面的涉及人类活动等诸多因素的复杂体系；是人类在一定区域内为创造经济所进行的全部社会活动，包括城市化率和道路建设等。社会经济活动影响着生态环境，生态环境的恶化进而带来自然灾害；反过来，环境的变化和灾害的发生又影响着社会活动。社会经济活动发挥防灾减灾的前提是顺应自然发展的规律。人类活动破坏了自然本来的发展规律，就会给人类社会带来灾害，甚至是毁灭。一般情况下，可将人类社会视为承灾体。但是，社会本身也可能会成为灾害本体，带来灾难性后果。如开山垦殖、围湖造田等，会加剧水土流失，直接或间接引发地质灾害；乱挖土石、可能引起山体滑坡等；无节制地在江河中采砂可能造成河岸崩塌；还有诸如全球变暖，生物链被破坏等生态问题，无一不与违背自然规律的人类活动有关。

生态环境压力直接反映一个地区的生态环境状态。地区在不断追求 GDP 的同时，也给环境造成了一系列的破坏，如工业"三废"排放量的增大，人均用水、用电量的不断增加，这些指标数值的逐渐上涨表明生态环境所承受的压力在渐渐变大。第一，人均工业"三废"年排放量。工业"三废"指工业废气、废水和废固，对生态环境的影响为负影响，即指标值越大，表明生态环境压力越大，生态环境质量越差。"三废"的排放对环境的污染程度极高，因此需要合理控制才能保护好环境。第二，人均工业二氧化硫排放量。生态环境—区域灾害—社会经济活动耦合关系研究人均工业二氧化硫排放量是指地区总工业二氧化硫排放量与常住人口的百分比，与生态环境关系呈负相关。即指标值越大，对生态环境影响越大。二氧化硫是工业废气中重要的组成成分，也是造成大气污染的主要废气之一。该指标主要对生态环境压力造成影响，间接影响生态环境总体情况。第三，人均用电量。人均用电量是指地区总用电量和地区常住人口数的百分比，与生态环境关系呈负相关。即人均用电量越大，生态环境压力越大，生态环境质量就越差。用电量的大小表明对能源消耗程度的高低，能源消耗越高，生态承受压力越大，生态环境状态就越弱。第四，人均用水量。人均用水量是指地区总用水量与地区常住人口数的百分比，对生态环境的影响为负影响。即人均用水量越大，生态环境压力越大，生态环境状态就越差。用水量的大小表明人类活动对水资源的消耗程度，用水量越大，表示水资源消耗越多，进而加大对生态环境的压力，导致生态环境状态变差。第五，土地人口承载力。土地人口承载力是指单位固定面积的土地所生产食物的潜力能供给的单位固定消费水平的人口数，与生态环境关系呈负相关。即该数值越大，对生态环境的压力越大，越影响整体的生态环境质量状况。

二、战略发展要素

（一）树立发展理念

理念是行动的先导。提升生态经济效率，首先要从理念层面入手，树立科学理念，为生态经济健康有序地发展提供正确指导。具体来说，树立生态经济发展观念应该包括以下三个方面：首先，公众应树立绿色消费观。公众的消费观对生态经济发展具有举足轻重的影响。只有公众树立正确的消费观念，才能确保生态经济发展走上良好发展之道。其次，企业应树立绿色发展理念。企业作为资源经济环境系统中最重要的组成部分，是建设生态经济、资源节约型和环境友好型社会最重要的主体，在促进生态经济发展方面起着重要作用。最后，政府应树立科学发展观。我国经济社会存在的各种不协调、不平衡、不适应、不和谐的方面，不仅严重制约着我国经济社会的健康有序和可持续发展，而且也给生态经济发展带来了一系列不利影响。

（二）产业层面优化

产业是链接企业的经济纽带，产业结构的布局是否合理关系到资源的使用和配置是否达到最优状态。因此，促进区域生态经济发展，需要从产业层面进行优化和调整，建设生态型产业体系。

一方面，要加快推进产业结构调整，优化产业布局，培育壮大产业集群，发展新型工业。这就要求各级政府应加强宏观调控，综合考虑、合理布局，通过对各区域产业结构的战略性调整，建立以高科技为主导的产业结构体系，将粗放型经济转变为集约型经济；同时，无论是中央政府还是省、市级政府都应当从政策上对生态旅游业、生态农业、高新技术产业、第三产业等低污染、高附加值的产业进行政策倾斜，而对于高污染、高能耗、高排放的产业及项目进行相应的限制与约束，引导适应区域生态经济发展需要的新型工业循环经济产业体系的形成。

另一方面，要合理规划和建设生态产业链，充分发挥生态产业链在促进区域生态经济发展和提升区域生态效率方面的重要作用。这就要求各级政府对辖区内的生态经济系统进行宏观层面的生态网络设计，突出"绿色、循环、节能、先进、开放"内涵，探索"企业—产业—区域"循环发展路径，走出一条具有特色的新型工业化道路，着力抓好矿业、新材料等支柱产业，优化产业配套，延长产业链条。综合各地区系统内的各种产业上下游间的关系，根据其技术可行性和经济实用性和环境友好型的需求，对各地区所辖的核心企业及其相关的附属企业进行经济、资源和环境等各方面的整合规划，从而形成单个个体功能完善、整体功能相互依赖的工业生态群落。从产业的层面推动区域生态经济的发展，引导以循环经济为代表的生态经济成为新的区域产生经济增长点，最终提升区域生态经济系统的生态效率和竞争实力。

（三）政策指导

经济社会的快速发展导致了资源的过度消耗，环境污染日益严重。现阶段，如何有效保护生态环境、抑制稀缺性资源的衰竭，已成为各级政府面临的一项刻不容缓的任务。因此，各区域政府应科学规划，将参加区域生态可持续发展作为区域各项事业发展规划的准则与红线。将生态环境可持续发展纳入经济和社会发展规划，贯穿于经济社会发展全过程，进而实现从政策层面推进区域生态经济发展。

首先要建立有利于区域环境生态可持续发展的法律保障机制。立足本地区的实际情况，将实现区域生态可持续发展作为战略目标，适时修订和完善有关污染防治、循环经济、节能、节水、资源综合利用、保护生态红线、生态补偿、绿色消费等适应湘西地区的地方性法规、规章，不断出台并实施促进生态文明建设和生态可持续发展的条例。研究建立湘西地方环境标准，实行最严格的环境准入标准和环境保护措施，清理修订与生态环境可持续发展相冲突、或不利环境生态可持续发展的地方性文件。将生态文明建设和生态可持续发展纳入法制化轨道。

其次要提升科学决策水平，积极推进政策环评、战略环评与规划环评，建立环境与发展综合决策机制。在城市规划、能源资源开发利用、产业布局、土地开发等重大决策过程中，优先考虑环境影响和生态效益，对可能产生重大环境影响的事项，行使环保"一票否决"，避免出现重大决策失误。对造成生态环境损害的重大决策失误，实行问题追溯和责任终生追究。

再次，要提升科学决策水平，积极推进政策环评、战略环评与规划环评，建立科学合理的综合决策机制。在城市规划、能源资源开发利用、产业布局、土地开发等重大决策过程中，优先考虑环境影响和生态效益，对可能产生重大环境影响的事项，行使环保"一票否决"，避免出现重大决策失误。对造成生态环境损害的重大决策失误，实行问题追溯和责任终生追究。

最后，要建立区域生态经济效率评价考核制度，完善发展成果考核评价体系，将生态经济发展水平作为党政领导干部政绩考核和企业对地方发展贡献度的重要依据。完善干部政绩和企业评估考核体系，增加生态可持续发展在考核评价中的权重。

（四）强化技术创新的力度

区域生态经济效率的影响因素实证结果发现，各省区财政科技投入、人员密度、高科技产业规模均与区域生态经济效率呈现出显著的正相关关系。基于此，促进区域生态经济效率的提升，必须加快各区域的技术创新的步伐。

继续加大 R&D 经费投入与监管力度近年来，我国用于技术创新的研究与发展经费（R&D）逐年递增，无论是投入总量还是投入经费占 GDP 百分比都远低于发达国家且存在地区分布不均衡的问题。因此，为了提升区域生态经济效率，必须继续加大 R&D 经费投入。

1. 区域科技资源的配置

由于我国东中西部地区存在着经济发展水平不同步的现象，而区域科技资源具有公共物品性和正的外部性，因而它与区域经济发展水平呈正相关的关系，这导致我国各区域存在着区域科技资源配置不合理的现象，由此出现了经济发达的科技资源愈发集聚，经济欠发达地区的科技资源越来越少的恶性循环。因此，各区域应当采用应对方案，优化区域科技资源的配置，提升资源的利益效率，最终实现区域科技资源得到合理化分配，各地区科技研发水平协同发展，走以科学技术创新提升区域生态经济效率的道路。

2. 人力资本的质量

区域生态经济效率的影响因素实证结果表明，人力资本质量的提高可以有效促进区域生态经济效率的提升。我国虽是一个劳动力丰富的国家，但由于大多数劳动者素质较低，高级劳动者较少，总体上人力资本是极其缺乏的。这种劳动力结构和人力资本缺乏的现象与经济发展的需要不相匹配，在一定程度上制约了区域生态经济效率的提升。因此，各区域应加强对劳动力的培养，增加中、高级劳动力，改善劳动力的结构，提高人力资本的质量，以充分发挥人力资本对区域生态经济效率的积极影响。

3. 区域金融的发展

尽管区域生态经济效率的影响因素实证结果表明，各省区金融深化度与区域生态经济效率为不显著的正向关系，但区域金融对区域生态经济效率的影响是不容置疑的。因此，必须加快区域金融的发展步伐，以匹配区域生态经济发展的需要，进而促进区域生态经济效率的快速提升。

加大区域金融创新的力度。要加强金融工具创新，创造新的多样化的金融产品；要加快市场创新，通过金融工具创新而积极拓展金融业务范围，创造新的金融市场；

4. 对外开放力度

区域生态经济效率的影响因素实证结果发现，地方保护主义不利于区域生态经济效率的提升，相反对外开放度与区域生态经济效率存在一个显著的正相关关系。因此，加大对外开放力度，是提升区域生态经济效率的有效路径之一。

积极引进外资。为生态经济发展注入资金。鼓励跨国企业对地区企业实行适度的并购，以此可以提高国有企业的技术含量和国有企业的管理水平。对于那些有一定实力的民营企业，也鼓励它们以各种方式与国外的企业进行合作，从而使得民营企业在国际上的竞争力得以提升。

适当减小贸易保护壁垒。现阶段，许多地方政府为了增加税收等目的而对辖区内企业过分保护，尤其是对于中西部地区更为明显。这就直接限制其他地区及国外企业不能进入，而且本地企业管理模式落后、生产效率落后，进而导致地区生产经济效率低下。打破区域贸易壁垒，营造一个良好的国际贸易环境。提升本地企业的竞争力，让企业在竞争环境中生存与发展。

第三节　区域生态经济发展的可持续性

一、可持续性的理论内涵

（一）发展的内在关系

通过梳理可知，生态环境、区域灾害、社会经济活动三者之间关系大致集中在以下两个方面。

生态环境—区域灾害。有学者基于森林生态环境视角，从森林资源减少和林区气候变化两个方面，分析对自然灾害的影响，研究结果表明，森林资源的减少和林区冬春两季气候的变化加大了自然灾害如旱灾和水灾发生的概率，而灾害的发生也导致森林病虫害的发生与蔓延；也有学者基于生态学视角，以中国西南特大干旱灾害为研究对象，指出西南特大旱灾是自然因素与社会因素综合作用的结果，并探讨了旱灾对自然环境和农业所造成的影响，还有学者通过探讨文化和自然灾害对旅游地生态环境的影响机理，提出加强文化教育和普及灾害知识来保护旅游地生态环境；研究福岛灾难对德国，瑞士和英国的环境问题等发现自然灾害多发区的生态脆弱性时空分异状况，研究学者认为减灾对生态环境保护非常重要。

区域灾害—经济。灾害与经济的关系是灾害经济学的重要研究内容，国内外很多经济学家都非常重视该问题的研究。最早涉及自然灾害对经济造成的影响的是马尔萨斯的《人口论》，他认为，灾害的发生可能是经济增长的转折点。之后，有学者基于内生增长模型，对灾害推动经济发展作了理论解释，也有学者选择重点关注价格刨削和灾后经济复苏两个主题；还有学者运用投入产出模型、概率模型、计量经济学等方法对灾害和经济增长关系进行实证研究：如分析印度洋海啸对印度尼西亚和斯里兰卡经济的影响、评估自然灾害对吉林省经济增长的影响、采用结构分解方法对神户地震长期经济效应进行实证研究、利用县级面板数据来解决沿海地区对自然灾害的经济复原力，结果表明，灾前经济较强的地区遭受较少的灾害损失、运用脱钩理论研究自然灾害对粮食生产的影响，计算并检验中国粮食损失时空特征及分异性。总的来说，国内外学者关于灾害经济的研究结论大致分为三类，即正的经济效应、不确定型、负的经济效应。

生态环境—经济。针对生态环境和人类社会活动关系的研究，学者基于"驱动力—压力—状态—效果—行动（DPSEA）"视角分析生态环境与人类活动的关系。最典型的是环境生态环境、区域灾害、社会经济活动耦合关系研究库茨涅茨曲线（EKC），该曲线表明环境污染与经济增长之间的变化关系为先增再持续平稳发展最后再下降，即呈现倒 U 形趋势，其后有学者并结合城市化对数曲线提出新的耦合函数及曲线，表明经济增长与三种环境污染之间的长期协调关系。

系统中各要素配合协调与否，直接影响整体耦合度，系统相互之间以及系统内部的各个因素之间，只有在和谐同步、良性作用的条件下，才能保证系统的健康发展。耦合度体现了系统之间或要素之间相互作用的强弱，应用领域相当广泛，例如农学领域、地理领域、生态领域等。人地关系、可持续发展等方面耦合关系的研究，多见于环境经济、生态与城市化等方面的耦合关系研究。生态环境、区域灾害与社会经济活动之间具有显著的耦合性特征，主要体现在：区域灾害和社会经济活动作用于生态环境，主要是通过经济活动的直接或间接的影响给生态环生态环境、区域灾害、社会经济活动耦合关系研究产生的正向或者负向效应，生态环境受到影响后产生的反应又会间接作用于区域经济的发展和引发灾害的发生。生态环境、区域灾害和社会经济活动是相互联系、相互影响、相互作用的三个系统，三者相互耦合形成一个层次更高、更为复杂的大系统。

因此，基于以上区域生态经济内部三者的关系，展开可持续性的发展是必要的。

（二）发展的态势

全国的生态环境、区域灾害和社会经济活动系统耦合的驱动机制是一个复杂的系统过程。生态环境、区域灾害、社会经济活动高度协调耦合是各地区经济社会可持续发展的前提条件。中国关于三者之间的耦合发展度逐渐好转，且没有出现大面积失调情况，反映出当前生态环境、区域灾害和社会经济活动之间的关系总体向着可持续发展的方向发展。

全国耦合度整体呈稳定发展趋势，基本为中级耦合协调类型。近几年，全国 31 省生态环境、区域灾害、社会经济活动系统耦合协调度均存在不同的变化。从统计数据得知，中国耦合协调度较高的地区多集中于西北地区，虽然这些地区经济相对落后，但由于资源很丰富且工业排放的污染物相对较少，因此，西北地区的耦合度基本居于全国前列。变化较大的是京津冀地区，近年来，北京空气质量不断改善，一方面，国家环保政策的落实和人们环保意识的加强，对改善环境起到了促进作用；另一方面，中央生态环境部大力督查京津冀和周边地区大气污染防治情况，天津、河北的大量重污染企业和小作坊被迫停产限产，并给企业安装治污措施，强力制止露天焚烧和道路扬尘等现象。对于环境问题突出的地方，生态环境部还将不定期开展专项督查和"回头看"，逐步构建以中央环保督查为主，地市环保督查为辅，以专项督查和"回头看"为辅的全方位、系统化的全方位督查体系。

二、可持续性发展方向

（一）减少生态风险

近年来，全面建设"两型社会"，将生态文明建设纳入我国整体发展战略布局都说明，实现经济的可持续发展必须促进生态与经济和谐发展。城镇化的快速发展使城市生态环境恶化，导致区域生态风险不断上升。有学者针对城镇化发展过程中造成的生态问题，以中国省域单元的数据、鄱阳湖生态经济区的数据作为研究样本，分别采取 PCA 模型、灰色关联法分析其生态环境和城市化在时空序列上的动态变化关系，结果表明，该区域的生态风险与城市化水平呈正比例关系，即城镇化水平越高，生态风险越大。因此提出优化产业结构来改善生态环境状况；有学者以天津市为研究对象来分析其城镇化和生态环境的关系，结果表明，二者之间的关系处于拮抗时期，需尽快采取措施来促进二者协同发展；还有学者利用协整分析和 VEC 模型分析铜川市城市化和生态环境长短期的变化关系，结果表明当前铜川市城市化水平受到生态环境的抑制作用影响。

除此之外，"一带一路"倡议带来的生态环境危机也是学术界关注的热点问题。经济带的发展在提升经济发展的同时，也会给沿线国家和城市造成环境污染，从而破坏生态环境。因此，有学者提出在"共建丝绸之路经济带"的总体框架下导向性开拓绿色能源。

（二）促进生态经济系统内部和谐

从全国研究尺度和省域研究尺度，对区域经济一体化和生态环境水平进行耦合综合评价，结果表明，整体呈"先升后降"趋势且各省区域耦合度存在区域差异，青海省生态经济矛盾日益加剧，表明经济发展模式不是可持续发展的，需尽快改善；衢州市的经济生态耦合度较低，整体看来，生态环境比较脆弱；重庆市耦合曲线则呈正"N"型，并提出城乡收入差距扩大对生态环境改善具有反作用，乌海市生态环境与经济之间的耦合度趋于协调。

有学者针对经济生态不协调发展的状态，提出促进经济、生态环境系统和谐发展的建议，即优化产业结构、改善生态保护体制和加快城镇化发展；有学者在此基础上，分析了产业结构演变和城市群产业承接能力与生态环境的耦合发展情况，表明第一、二产业对生态环境均有破坏作用，第三产业对环境有改善作用，而城市产业承接能力与生态环境的耦合度明显存在空间与时间的差异，因此需要调整产业结构，实现产业演进的生态化转向。

在加速城镇化发展的过程中，会给生态环境带来影响，有学者就城镇化发展和生态环境耦合情况进行了研究，如：以中国省域单元为研究对象，运用PCA模型和耦合协调模型分析省际城镇化和生态环境系统耦合的演变规律并提出优化策略（如加大技术人才投入）；研究武陵山片区湘西自治州的动态计量关系，表明城镇化发展对于生态环境的正向作用比反作用大；在分析了甘南藏族自治州和中部地区资源型城市的城镇化与生态环境耦合状况后，结果表明资源型城市不协调的原因是城市化滞后，因此，提出协调并促进各子系统内部均衡发展的建议来推动良性发展。

还有学者研究经济、生态与旅游产业、旅游流、能源供给、交通运输等的耦合协调发展状况，得出了旅游产业经济带动了城市交通运输业的发展，城市可以通过提高交通网覆盖密度来增加旅游收入，能源供给与经济生态三者之间的耦合度较高。

生态灾害二者之间的相互影响关系中，灾害生态风险的时空演化规律和灾害生态脆弱性等方面的研究也开展起来。如：统计中国明清年间洪涝灾害和青海省山洪灾害发生的频率，并分析其与生态环境的关系，结果表明，引发洪涝灾害的主导因素是气候变化，而生态环境的恶化也进一步加大洪灾发生的频次，反过来，洪灾引发的山体滑坡、泥石流等又加剧生态环境的衰退，因此加大环保力度是协调区域生态经济系统内部关系的重要手段。

采用GIS技术对社会经济活动强度和灾害损毁规模两组数据进行耦合分析，结果发现，重庆市二者之间的耦合状况良好，且二者关系呈正相关；城镇化发展带来的自然灾害问题如地质灾害、洪涝灾害等也成为学者研究的热点；通过分析中国城镇化和地质灾害的耦合协调度变化趋势，发现我国二者协调度在逐渐改善且西部地区协调耦合度普遍高于中东部，同时也表明我国地质灾害防治工作取得了一定的进展。

生态环境是社会经济活动的载体，是自然灾害发生的本源。人类活动不断作用于生态环境，其作用强度随着社会经济活动的发展在不断加大。由环境库兹涅茨曲线可知，在经济活动发展初期，生态环境不断遭受破坏；而在其发展后期，随着技术的发展、环保投入的增多以及人们环保观念的增强，生态环境得到一定的改善。当生态环境状况向着良好的状态发展时，将促进社会经济的发展；反之，将抑制社会经济发展。同时，如果生态环境的承载力超出其承受范围，势必会带来负面效应，自然灾害也会随之而来。而自然灾害的发生又会给生态和经济造成影响。

因此，区域性的生态经济可持续性发展规划的制定有必要深刻研究个地区生态经济系统内部的耦合关系，理清区域生态经济发展特点，以及各子系统的交叉作用影响相关联系，是进行区域生态经济可持续性发展的关键基础。

（三）提高科技投入与自主创新能力

科技是解决资源、环境与社会发展的有效途径，不少研究也表明在资源配置相同的情况下，科技的高低直接影响到工业企业生态经济效率的高低。

在"两型社会"建设的背景下，科技是提高区域生态经济可持续性发展的有效方式之一。自主创新是提高企业内部核心竞争力的关键，是实现"两型社会"，提高区域生态经济可持续性发展的重要途径之一，为此需要从以下方面着手：一是，优化企业的创新环境。创新环境有软性的文化环境和硬性的环境，其中软性环境方面主要是要在公司倡导一种创新的氛围，大力鼓励企业内部员工开展自主创新活动；在硬性条件上，既需要为自主创新建立专门的研发机构，提供较好的创新物质条件，又需要为创新建立风险基金，为创新过程中可能出现的风险因素提供保障。二是，注重创新人才的引进。在自主创新过程中，人才是关键。特别是高新技术企业应将创新型人才视为企业的资源，现代企业的竞争关键是人才的竞争。三是，加强研究型机构的合作，整合科研力量，提升自主创新能力，并将科技成果转化为产品，形成"产学研用"的科技成果创新模式。

（四）做好区域生态经济评测

经济的快速发展以及生态文明建设布局使得生态与经济发展的关系向深层次变化，要生态还是要发展的困局已成为过去式，高质量的生态经济协调发展成为城市发展的主题。举例来说，地处长江经济带中游、江汉平原东部地区，拥有丰富的湖泊水系，其高质量发展具有得天独厚的优势，然而，回顾2000—2015年的发展历程，虽然退耕还林、退耕还湖和湖泊保护条例等政策的相继出台在一定程度上缓解了生态环境的恶化，经济发展与生态效益取得了双赢，但仍然存在耕地保有量下降、水资源供给压力大增、协调发展水平不高、个别地区发展不协调等问题存在。所以，在开展区域性生态经济的可持续性发展过程中，不仅要依靠国家宏观政策的指导进行统筹经济发展，还要看到地区生态环境的自身特点，因地制宜，从各级政府层面深度考量各地区的实际生态经济发展状况和生态经济环境融合度，做好事前、事中、事后各个生态经济系统的子系统的评测，组合优化生态经济发展规划，适宜开展经济生态发展。

1. 守住基本农田红线

控制建设用地的扩张，集约高效利用土地。基本农田事关粮食安全问题，耕地保有量必须控制在基本农田数量以上。土地规划不得不考虑经济效益之外的环境效益。交叉敏感性研究表明其他类型土地向水域湿地的转移具有高敏感性、其他类型土地向建设用地的转移具有较高的负敏感性，因此，控制建设用地的扩张应集中在控制湿地水域向建设用地的扩张，适当利用水域湿地单位面积服务价值高的优势鼓励其他类型土地向水域湿地的转移。此外，农村居民点数量面积双增长与农村人口的下降相背离，需要遏止，同时通过经济的发展和科学的进步逐步提高各类土地经济效益，达到集约高效利用土地的目的。

2. 保护湿地水系生态系统

保护湿地水系生态系统，尤其是湖泊，加大湿地自然保护区建设力度，节约用水。湖泊水系是城市名片，具有较高的生态服务价值系数，也是人们享受大自然美好馈赠的绝佳去处，向其他土地利用类型转移时会出现较大的生态损失和更大的城市供水压力，工业和生活用水的持续增加更使得水资源供给服务压力逐年增加，因此，保护好城市蓝色空间有利于遏止向建设用地的转移，提高市民生活质量，缓解水资源供给压力。

3. 保护湿地水系生态系统

提升环保意识，提高环境质量，聚焦高质量谋发展。环保意识的上升和社会发展阶段的提高可以有效提升人们的支付意愿和发展观念，进而使动态生态环境质量提升，生态服务对人们的效用持续增加，从而达到协调发展的目的。区域生态经济发展不协调的主要原因在于建设用地占比大，高度的城市化发展已接近土地利用规划的极限，土地类型转移难以改善这类地区的协调发展状况，需要通过提高湖泊河流水质、减少污染排放等方式提升单位面积生态系统服务价值，以促进城市的生态经济协调发展。

（五）建设法治发展理念

法治是人类政治文明的重要成果。自阶级社会产生以来，社会的统治阶级就按照本阶级的意志制定相应的法律，并最终形成法治的国家治理模式。世界进入近代社会以来，西方国家的成功归功于科技革命的同时也离不开法治的进步和发展。党的十五大把依法治国确定为国家基本方略后，社会主义法治在我国社会发挥着越来越重要的作用。生态文明建设是一项系统和复杂的工程，尤其需要法治的保障。

习近平提出生态法治思想，至少包括三个方面。

生态保护制度。党的十八届三中全会指出，"建设生态文明，必须建立系统完整的生态文明制度体制，用制度保护生态环境。"建立源头保护制度，从生态环境污染的源头进行遏制；建立损害赔偿制度，谁污染谁治理；建立责任追究制度，对相关责任人一追到底，层层追究，终身追究。

以法律保障生态文明建设。过去很长一段时间，由于我国法律对环境破坏的处罚力度有限，违法者破坏环境的法律代价较低，导致很多企业几乎无视法律约束，致使生态环境破坏较重。党的十八大以来，习近平多次强调，"实行最严格的制度，最严密的法制"表明了党对环境保护的决心，也明确了下一步党对相关法律建设的任务。

第三，生态法治理念。在党的十八届四中全会上，习近平提出"增强全民法治观念，推进法治社会建设。"相比于制度和法律等政治上层建筑，理念作为观念上层建筑，具有强烈意识形态性，并且直接对相关政治上层建筑的形成和发展具有重大影响。因此，作为社会主义性质的生态法治理念，我们坚持依法治国必须明确坚持党的领导和执法为民的前提。培育生态法治理念，可以有效地在每个人的心底筑牢生态保护的思想堤坝，让全社会树立起生态保护的法治观念，有力地推动生态文明建设进程。

（六）树立主体功能区战略

主体功能区战略的确立有其特定社会背景和自然条件。从经济社会的状况来看，我国经济社会发展极其不平衡，东部地区较早地进行了开发，北京、上海等城市已经成为国际性大都市，而中西部很多地区还没有完全摆脱贫困问题。从地理环境和资源状况来看，我国气候类型多样，地形地貌状况复杂，自然资源分布也极不平衡。在这种情况下，我国发展生态经济必须因地制宜，坚持主体功能区战略，根据各地区的经济社会发展状况和自然环境，发挥各地区独特优势，共建生态经济发展新格局，共享生态经济发展成果。

主体功能区战略的确立和完善与我国生态经济建设息息相关。

主体功能区战略有利于转变我国经济发展方式，优化产业布局。国家划分主体功能区就是要利用各种政策使得优化开发区的产业实现再升级，进一步提升参与全球竞争的能力；使得重点开发区承接优化开发区的产业转移的同时承接限制开发区和禁止开发区的人口转移；使得限制开发区在加强环境保护和生态修复同时根据当地环境承载力和其他优势开发合适的特色产业。

主体功能区战略有利于保护生态环境。主体功能区设立的基础之一正是根据当地的资源环境状况，坚决不能发展超出当地资源环境承载力的产业，在保护环境的基础上发展经济，在发展经济的过程中保护环境。

第三，主体功能区战略有利于转变我国干部考核评价方式。与过去"唯GDP论英雄"的考核方式不同，各地区的主体功能区都有着自身的考核评价方式，在某些限制开发区和禁止开发区甚至完全取消了"GDP考核"转而突出生态文明建设在考核中的重要地位。而与之相对应，2016年底开始，我国开始施行的《生态文明建设目标评价考核办法》要求党政同责，一岗双责，大幅度提高了干部考核中生态问题所占的比重，完全转变了过去的干部考核评价机制。

（七）完善配套政策

任何发展都离不开政策的指导。对于区域性的生态经济发展，各级人民政府应当加强政策引导，同时，在大力发展过程中做好配套政策的建设。例如对生态新型企业税收的优惠政策、吸引外商注资的互利政策等。还有对专业性的监管生态经济发展管理机构或是环境评测机构的技术政策的大力扶持。

此外，进行区域间的统筹生态经济发展，还可以加强区域间政策的协调互利性，突破地方保护壁垒，利用协调区域间发展优化社会经济产业结构。让生态经济保持健康性的发展。

总之，我国生态经济的发展已经有了质的发展，但是区域发展的不平衡仍然十分明显，如何缩小发展差距，还要进行不断地政策引导和政策扶持，使更多的社会资源和社会资本能够投入到发展较为缓慢的区域中来。

第八章　其他国家或地区的借鉴与启示

自从 20 世纪 90 年代全球范围确立可持续发展战略以来，发达国家、发展中国家以及新兴工业化国家或地区实施可持续发展战略的重要途径和实现方式，并为此进行了有益探索，生态经济建设取得了显著成效。本章在研究发达国家循环型经济社会建设的具体做法与特色后总结本章分为发达国家生态经济发展的经验、发展中国家生态经济发展的经验、新兴工业化国家或地区生态经济发展的经验三个部分。主要包括：发达国家生态经济建设的基本经验及对中国的启示，发展中国家生态经济发展的实践、经验教训及启示，新兴工业化国家或地区生态经济发展的实践、经验教训及启示等内容。

第一节　发达国家生态经济发展的经验

一、发达国家生态经济建设的基本经验

（一）选择循环生态经济

纵观日、德、美等国家发展生态经济、建设循环型社会的基本经验可以发现，各国均从其具体国情出发选择发展生态经济的切入点，并结合其发展需要确立生态经济社会的发展目标。由于所处历史发展阶段的不同，日、德、美等国均经历了"先污染，再治理"的生态环境整治过程，也都是在 20 世纪中叶，面临资源日趋紧张、消费品逐渐增多的困境时开始发展生态经济的。当时，对于已进入后工业化时代的日、德、美等发达国家来说，资源和能源的高效率利用技术已发展到较高水平。因此，循环利用废弃资源和大力开发可再生资源自然而然地成为其发展生态经济的切入点。

（二）依法推动生态经济社会的建设

发达国家之所以能在短短几十年甚至十几年就取得生态经济社会建设的巨大成效，其中一大原因是各国均以法律为基础，扎实、有序地推进生态经济社会建设。

德国生态经济立法起步较早，采取了先制定单项法规再出台整体性法律的步骤；日本循环型社会法律体系的建设采取自上而下的模式，已建成现在世界上最完整的生态经济社会法律体系；美国生态经济发展已有可靠的法律基础作为保证。其他发达国家，例如丹麦、瑞典、法国、荷兰等，也都为保证生态经济的发展，制定了多部包含资源循环利用等生态经济成分的单项法律。

（三）政府与市场力量有机结合

1. 充分发挥政府的推动作用

建设生态经济社会是人类解决资源日益枯竭、生态环境破坏严重等难题，从而实现可持续发展，建设生态文明社会的重要途径，也是各国竞争激烈的高地。建设生态经济社会还涉及企业的外部性问题，企业的外部性问题必须靠政府通过宏观管理解决而不能依靠市场解决。因此，作为一个国家的主导者，政府要充分发挥其在生态经济社会建设中的主导作用。应通过立法等强制性的外部约束力对企业提出要求，并通过政策调节满足企业盈利的内在利益驱动才能促使企业自觉投入到生态经济社会建设中来，才能为生态经济社会建设提供内发动力。日、德、美等国政府在生态经济社会建设的整个过程中都发挥着积极的推动作用。各国政府均通过战略规划、立法、经济政策，产业政策、财税政策、金融政策、技术政策、教育政策、市场政策等鼓励生态经济发展并调控其发展方向。

2. 重视市场和经济规律的作用

在生态经济社会发展中，政府的主要任务是进行制度安排和制度创新，提供生态文明经济发展所需的制度，但政府的制度安排必须与市场作用的方向保持一致，使市场机制顺利运行才能成功。因此，发展生态经济既要有政府的推动，又要充分发挥市场机制的作用。日、德、美等发达国家在建设生态经济社会的过程中特别注重发挥市场的基础性作用。

（四）重视生态经济宣传教育

建设生态经济社会是一项系统而又复杂的工程，需要发挥政府的推动作用及市场在资源配置中的基础性作用，同时还需要构建政府、媒体、企业、公众、高校与科研机构、非政府组织相互监督与相互促进的良性互动机制，力求避免"市场失灵""政府失效"。美国、日本等发达国家在生态经济社会建设过程中就特别注重发挥公众及非政府组织的作用。

二、发达国家生态经济发展对中国的启示

能源是人类社会文明演进的前提和基础，能源利用是生态经济建设的重要组成部分，而能源利用方式的变革和创新又是提高生态经济建设水平的有效途径。中国作为世界不可或缺的重要组成部分，社会经济正处在快速发展阶段，工业现代化水平也在不断提高。但同时以煤炭为主的高碳能源结构和能源消费总量持续增长，已经成为我国大气、水等关系民生的重要领域环境质量恶化、生态失衡的根本原因。发达国家虽曾也走过"先污染，后治理"的发展道路，但现阶段能源消费的增长对生态环境造成的破坏影响小，生态经济建设水平高。因此，研究发达国家能源利用对生态经济的影响，并找出具有规律性的发展阶段，可以为我国在能源利用过程中如何促进生态经济建设提供宝贵的借鉴措施，使我国在生态经济建设过程中少走弯路。

我国应符合自身发展阶段，合理并积极的借鉴发达国家能源生产方式以及能源相关政策等，积极推进生态经济建设。

（一）把握整体格局发展——推动生态经济建设

要全面推进生态经济建设，必须正确地处理好能源利用、经济建设、生态环保以及社会稳定等多方面的关系。生态经济建设是涉及生产生活方式根本变革的战略任务，将生态经济建设的理念、原则和目标等全方位贯穿到经济、社会、资源等各方面和全过程，走绿色发展道路，合理进行能源消费。

要想推动我国生态经济建设，必须全方位的把握发展格局：转变发展的传统观念，从重经济增长轻环境保护转变为保护环境与经济增长并重，在保护环境中求发展，改变先污染后治理的状况；从毫无节制的利用能源资源到提高利用效率；从主要用行政办法保护转变为综合运用经济、技术和必要的行政办法解决问题。

（二）合理投入能源利用——控制能源消费总量

在人类社会发展过程中，能源资源的开发和利用更多的是用于工业、建筑、交通和民生等部门。而发达国家早已完成工业化发展阶段，工业领域的能源资源使用达到顶峰并趋于稳定，更多的是发展建筑、交通和民生等。随着我国工

业化发展，未来部分高能源消耗的产品消费量会逐步趋于一定峰值，而其他部门能源资源需求量将快速增长，最终仍会使能源消费持续增长。因此，在投入能源利用过程中，我国应当摒弃毫无节制开采和利用能源资源政策，在控制能源消费总量基础上，提高能源利用效率。

（三）合理调整能源结构——推进清洁能源利用

长期以来，中国快速增长的能源消费及以煤炭为主的能源消费结构，加上未来社会经济发展对能源需求持续增长的势头在短时期内仍难以转变，生态环境承载力将达到极致，不利于生态经济建设。中国现阶段仍属于典型的"高碳"能源结构，要想转变这一能源消费结构，在保障能源可持续利用基础上，实现能源结构的优化转型，结束以煤炭为主的能源利用结构，加大核能等清洁能源与水能等可再生能源的发展，实现经济健康发展、社会和谐与生态优质的目标。

纵观世界各国，尤其是发展中国家，化石燃料等能源仍然是满足经济发展需要的主要动力，但从长远来看，清洁能源和可再生能源将会替代化石燃料能源的位置，成为拉动社会经济发展的物质基础，可以认定发达国家最先实现这一目标。与中国相比较，发达国家能源利用结构中，清洁能源和可再生能源以及成为能源供应体系中重要的组成部分，能源结构逐步趋于合理。因此，我国在推动生态经济建设过程中，必须不断调整能源利用结构，减少化石燃料的使用，借鉴发达国家能源结构转型政策和措施。

（四）大力发展生态能源——积极推进生态技术

工业现代化发展给人类带来了丰富的物质，但也使人类面临着全球性生态危机。生态经济是继工业文明之后又一发展文明形态，主张要求实现人与自然、人与人、人与社会的和谐发展，实现能源资源的可持续利用。现阶段，以化石燃料为主体的能源供应体系制约着生态经济建设，要求必须开展相对应的生态能源建设，从生产和消费两个方面完善生态能源体系，例如能源供应应当持续、清洁、多元化。同时，大力发展生态能源产业，如绿色矿山、绿色发电等产业的发展，保障国民经济可持续发展，为构建生态经济提供动力支持。

发展生态能源及其相关产业必须建立在生态技术的运用基础上，将生态能源与生态技术相结合，达到"开源节流"效果，才能最大限度地降低能源消费，节约能源，营造良好的生态居住环境。生态技术，如生态建材、收回再利用的水资源和分类处理的垃圾等，要建立在一定区域的生态环境和能源资源基础上，能源的利用才能最大限度地减少对生态环境造成的影响。生态能源的建设要以生态科技作为支撑，引导合理的生态能源消费，建设与社会经济发展、生态环境相适应的生态经济。发达国家在生态能源利用及生态技术使用上比中国起步早，而且运用广泛，如德国日照比较充足的弗莱堡市，通过生态技术建造太阳能建筑，充分利用生态能源，摆脱了对化石燃料的依赖，成为一座生态城市。

第二节　发展中国家生态经济发展的经验

一、发展中国家生态经济发展的基本经验

（一）调整优化产业结构

发展中国家经济社会与能源环境耦合协调发展度上升阶段的主要促动因素，推动经济社会发展的同时不断调整优化产业结构，推进技术创新和产业升级，并不断提高经济发展的绿色化程度，加快提升经济发展的质量和效益，有效降低发展的资源环境代价。

首先，加快推进各国产业结构战略性调整，积极开展科技创新，以"创新驱动"战略为核心战略，以提高自主创新能力为关键点，加快推进科技创新和先进技术方面的应用，从科技创新角度探索建立有效降低碳排放的技术措施。

其次，加快推进传统产业升级改造，以提高资源利用效率、环境友好和低碳发展为方向，以产业升级为目标，以产业结构和布局调整为主线，积极推进第二、三产业的融合发展产业链延伸与循环化改造。

最后，大力发展新材料、先进装备制造等战略性新兴产业，加快推动战略性新兴产业集群化发展，推动产品创新、产业集聚，构建新兴产业体系，着力培育发展新材料、先进装备制造等第三产业。

（二）节约循环高效利用资源

发展中国家经济社会与能源环境耦合协调发展度开始下降后，各国非常注重能源效率的提高，以促进能源环境效益。

首先，发展中国家在资源利用方面应坚持节约优先方针，推动资源利用方式根本改变，全面提高资源利用效率。节约集约利用水、土地、矿产等资源，加强全过程管理，大幅降低资源消耗强度。

其次，结合各国发展的实际情况和自身特点，围绕工业、建筑、交通，农业、商业流通、公共机构等重点领域，发挥节能与减排的协同促进作用，全面推动重点领域节能减排，淘汰落后产能，采取一系列手段倒逼企业进行技术升

级改造。

最后,大力发展循环经济,积极探索发展循环经济的有效模式,在生产、流通、消费等按照减量化、再利用、资源化优先的原则,各环节大力发展循环经济,提高全社会资源产出率。建立完善的废旧资源回收体系,推进秸秆等农林废弃物以及建筑垃圾、餐厨废弃物资源化利用,发展再制造和再生利用产品等固体废弃物综合利用。从而推进产业循环式组合,促进生产和生活系统的循环链接,构建覆盖全社会的资源循环利用体系。

(三)积极发展生态国际贸易

在国际生态合作中,发展中国家之间存在较多的共同利益,因此广大发展中国家很早就开始建立合作关系,成立了 77 国集团,目的是抵制发达国家单边主义的要求与意愿,争取发展中国家更多的国际话语权和发展机会。虽然中国不属于 77 国集团成员,但是中国历来重视与发展中国家的交流合作,77 国集团 + 中国模式就是发展中国家联合起来对抗发达国家制约的重大力量。发展中国家倡导坚持共同但有区别的原则,在应对《京都议定书》关于减排问题上起到积极的作用。

但是随着部分发展中国家突飞猛进的发展,发展中国家之间差距明显,内部矛盾与分歧产生,出现了裂痕。改革开放后的中国已成为世界第二大经济体,但是中国工业化的发展也带来了不少生态问题,像中国的碳排放一直居世界之最,也是世界上最大的能源消耗国之一。正因为中国与发展中国家的发展水平差距增大,中国与 77 国集团存在着一些不容回避的利益上的冲突和矛盾,广大发展中国家把中国纳入发达国家的行列并要求中国承担与发达国家一样的减排责任。

1. 争取与广大发展中国家的合作

世界上矛盾无处不在,中国与发展中国家之间也存在矛盾,然而中国一直以积极的态度面对和采取相关的措施缓和发展中国家内部的矛盾与分歧。毕竟发展中国家在许多方面具有相似性,更适合形成最广大的联盟应对外来的风险和挑战。在生态问题上,发展中国家之间也有许多共同利益。中国相对其他广大发展中国家而言有明显的经济优势,中国倡导人类命运共同体理念,提倡人类社会共同发展,中国的发展不仅仅是自身的发展而且是带动其他国家共同发展。中国与发展中国家建立生态合作伙伴关系,在生态政策、环保产业、环保技术等领域取得了实质性的进展。中国推动"一带一路"倡议,与沿线国家加强生态交流和合作,大大改善了沿线国家和地区的生态状况,促进了发展中国家环保能力的提升。中国与非洲地区的生态合作也积极展开，自 2000 年后多次举办和参与中非合作论坛，取得了许多积极的成果。

2. 帮助最不发达的国家和岛国解决生态危机

中国不断向一些欠发达的国家提供经济资助和技术支持，帮助这些国家提升应对生态问题的能力，除此之外还与欠发达国家加强合作，一起研发环保技术、分享生态治理经验和绿色发展理念。中国政府在 2012 年联合国可持续发展大会上郑重承诺中国将提供资金支持非洲和小岛国家，使他们更好地应对各种生态风险。非洲及小岛国家不用听从发达国家的怂恿，开始了独立自主的发展道路，同时对中国多了一份信赖，中国的良好国际形象更加凸显，有效地维护了发展中国家之间的团结和睦与平等利益。尤其是小岛国家在接受中国的帮助后，真正体会到中国的诚意，消除了彼此之间的矛盾与分歧，此举也有力地维护其生存权益。

3. 开展国际生态合作

中国不仅重视国内的生态文明建设而且积极参与国际生态合作，在推动南北对话与南南合作方面扮演越来越重要的角色。中国搞好自身生态文明建设不仅有利于国内社会经济的发展，也有助全球生态的保护与治理，进一步增强中国在生态领域的国际影响力. 加强合作机制是应对生态威胁论的最佳选择，作为负责任的生态大国，中国积极开展生态合作，既有利于自身生态环境保护也有利于全球生态治理的积极开展。

中国在应对气候变化和处理国际生态事务中，坚持在保障本国利益的基础上履行一定的国际生态义务，反对任何国家的干涉，反对通过各种协议和挑唆将不合理的减排要求强加于中国。中国在气候变化问题上一贯强调在应对和减缓气候变化时，应该处理好经济增长、社会发展与保护生态环境之间的关系，以保障经济发展为核心，以增强可持续发展能力为目标，以节约能源、优化能源结构、加强生态保护为重点，以科技进步为支撑，不断提高国际社会适应气候变化的能力。

中国作为最大的发展中国家有责任帮助其他发展中国家搞好各自的生态文明建设，加深同发展中国家间的合作与互信。如果每个发展中国家的生态问题得到很好的解决，全球生态治理的压力就减缓很多。发达国家总是找机会挑拨发展中国家的关系，以此来实现他们自身的利益需求和强行派发减排责任，因此中国应与广大发展中国家一道坚持原则，维护自身利益，避免掉进发达国家为限制发展中国家自主发展而设置的陷阱。面对一些发达国家不合作的行为，中国要坚定合作的信心和决心，积极引导和推动全球生态治理。中国的"一带一路"为国际生态合作起到了良好的示范作用，证明了没有发达国家的参与也能达到经济发展与生态保护的双重效果。

总之，中国正在以实际行动表明中国崛起有利于世界和平稳定，也给其他国家带来了更多的共同利益诉求，中国不惧怕任何舆论压力，中国将不断加强与世界的沟通合作，始终坚持正确的原则和立场，积极迎接风险挑战，让世界了解中国是一个负责任的大国，让"中国环境威胁论"不攻自破。

4. 积极进行生态保护

国际生态合作是保护生态环境的必然选择，合作在一定程度上约束了国家生态主权范围，为解决生态问题，每个主权国家需要适度的让渡部分生态主权权利，这也是一种新型的国家主权观念。只要存在合作的领域，就会出现国家生态主权的适当调适，比如某个国家加入某项生态合作协议，就要求所有签约国遵守协议内容，不能随心所欲地按自己意志行事，这无形中对国家行为做出制约。在处理国际生态事务中，各国做出积极的主权让步是非常必要的。由于发展中国家处于发展落后的状态，面临更多的主权挑战，在积极让渡适当的生态主权的同时要留意某些发达国家以环保之名任意侵犯发展中国家主权的行径。在国际生态合作中面对国家主权的侵蚀和挑战，中国及广大发展中国家需要认清楚现实问题，积极接受和调整传统的主权观念，同时要在合作中尊重他国主权和兼顾他国的现实利益及世界的长远利益，构建新的国家生态主权理念。

5. 接受生态主权的适当调整

全球生态系统的整体性规律必须限制个体国家破坏生态环境的行为，这在一定程度上会弱化个体国家生态主权，无论哪个国家在生态问题上都要接受主权的调适。对包括中国在内的发展中国家而言，无论处于何种情况，发展中国家要跟随时代步伐，以积极的心态迎接生态主权的适当调整，这也是解决生态问题必须做出的选择。生态主权调整是承担国际生态责任的过程，各国应从世界的大局出发，根据公正合理的国际生态环保制定适当地约束本国的生态行为，既保证国内的生态不受他国侵害，也确保自身不对他国的生态构成威胁。

二、发展中国家生态经济发展的经验教训及启示

发展中国家经济增长的外部环境不同于发达国家经历工业化时期的外部环境。发达国家在经历工业化过程初期，世界经济的总量还很小，世界资源才刚开始大规模开发，环境的承载能力也足够大，能够吸收工业生产中排放的废物。

而如今世界经济总量已经非常庞大，地球资源环境的许多方面已经显现出不堪重负的迹象。如果发展中国家按照发达国家曾经经历的过程进行工业化，可能会引起世界资源环境系统崩溃的后果，经济增长所带来的正面效应也将成为泡影，因此发展中国家必须探索一条新的增长之路。

目前除极少数以旅游为支柱产业的国家外，大多数发展中国家在经济增长过程中生态环境质量不断下降，虽然不少国家制订了可持续发展战略，并颁布了一系列的法律制度来保护环境，但是由于发展中国家的经济增长水平低、人口素质不佳、公众的环境意识薄弱、政府的措施执行力度不强等原因，这些战略的执行情况不佳。从经济处于增长过程的发展中国家的情况看，各国普遍的规律是环境质量随经济增长呈现下降趋势。在世界环保潮流的影响下，这些发展中国家的民众、政府和企业对保护环境的重要性有所认识，但由于面临艰巨的经济增长任务，技术和资金短缺，各国又都仍将经济增长放在首要目标没有解决好经济增长和环境保护相协调的问题。

第三节　新兴工业化国家或地区生态经济发展的经验

一、新兴工业化国家或地区生态经济发展的基本经验

作为国民经济支柱的制造业，能够充分体现出该国家或地区的国际竞争实力，而作为新兴工业化国家或地区在第二次世界大战前几乎没有，因此这些国家或地区的经济落后，自然没有国际竞争力。新兴工业化国家或地区的经济起飞是在20世纪五六十年代之后，这些国家或地区出现了经济高速增长。

新兴工业国家或地区采用的是出口导向型的发展模式，"贸易立国"是它们采取的共同战略，成功利用外资是这些国家或地区经济高速增长的另一个重要因素。他们基本上都是通过实施出口导向发展战略发展起来的。在三次产业中，农业和服务业可贸易程度较低，各国的贸易保护主义政策也很强，制造业部门最接近于自由贸易，可贸易程度高，占国际贸易的比例高。尽管当今世界服务业比重较大程度地高于制造业，但是制成品的国际贸易比重大大高于服务贸易。一国要实施出口导向发展战略，关键就是要发展制造业。

从经济增长和产业结构的角度来分析新兴工业化国家或地区的生态经济发展与环境污染，可以分为如下三个阶段。

①环境污染低。第一阶段中这些国家或地区优先发展纺织、服装等轻工业产业，自然对环境污染的程度相对低一些。

②环境污染严重阶段。这时期这些新兴工业化国家或地区开始快速发展制造业、石油化工等中间产品，尤其是非金属矿物和黑色金属冶炼等污染密集度高的产业，这个阶段中环境污染最为突出的就是有毒化学物质等引起的大气环境污染等。

③环境污染缓解阶段。随着环境污染越来越严重，各国口开始环境治理和监测，产业发展也转换到电子机械、普通电器和运输机械等，有效管理环境有害废物。

二、生态经济可持续发展实践——以布里亚特共和国为例

（一）调整产业结构

区域经济部门结构的形成和随后的优化在确保经济增长的可持续性方面发挥了关键的作用。为了更详细地研究该地区的经济结构，需要在确定的时间段内分析经济结构的变化。一般来讲，运用一定的指标来考察经济结构的变动情况是一个比较好的做法，由于工业是布里亚特共和国的支柱产业（它提供了超过 25% 的 GRP），我们可以假设工业生产结构的变化能够对共和国整体的经济结构产生影响。为了分析这一假设，让我们考虑布里亚特共和国在 2015—2019 年产业结构变化的强度。通过分析工业生产中相关系数的变化可知，机械工程、燃料和木材工业的影响较大，而化学和玻璃工业的影响较小。

在分析的时间段内，对布里亚特共和国行业结构变化的相关系数的结果显示出现了一个极端点，这是由于在 2015 年本国发生了经济危机导致的，具体而言，燃料工业，黑色金属生产，电力工业产品的产出份额均有所下降，相反，机械工程、金属加工，木材和木材加工（纸浆和造纸）等行业产品的份额有所上升，布里亚特共和国在 2015—2019 年经济结构经历了重大变化，目前，共和国经济结构与 2015 时的结构不同，说明经济危机的发生加速了共和国经济结构的转型。使用相关分析进行的研究同样证实了这样一个假设，即区域经济的结构变化与区域生产总值的价值之间存在显著的反向关系，即布里亚特共和国经济的转变对该地区的经济发展产生了负面影响。因此，在制定以后的区域政策时，必须考虑到现有的结构不平衡情况及其对该区域社会经济发展的影响。

（二）实现区域经济一体化

在经济全球化的当代，不同区域主体之间存在着紧密的联系，由区域经济理论可知，要素的流动并不是无摩擦的瞬间移动，而是存在流动障碍的，经济

一体化能够有效降低货物、服务、资本和劳动力在不同区域间流动的障碍。在和平的框架内进行可持续发展是区域一体化战略得以有效实施的基本保证，而区域一体化战略有以下目标。

首先，缩小国家内不同地区经济发展的差距，在整个区域创造相对平等的生活和工作条件，使不同地区能够发挥自身的比较优势，共同发展。

其次，通过有效利用自然资源，发挥人力资本、工业生产和科学技术的潜力，加强地区经济发展的活力，以加强本国在世界市场的竞争优势。

最后，不断扩大和加深区域经济方面的合作，确保区域经济的可持续和平衡增长，增加实际收入和改善人民的生活条件。从这些目的出发，应将区域经济一体化的定义视为一种复杂的社会经济现象。尽管国内外的学者对区域经济一体化领域进行了相当多的研究，但目前对"一体化"一词和"区域一体化"一词的概念还没有明确的定义。这种模糊性的主要原因是这个术语所描述的对象和过程具有复杂性和多方面，同时考虑到区域经济研究的异质性和多样性。综合的概念框架主要是在系统方法的框架内形成的，最重要的是它的特征，而在英语中一体化的翻译是 integration，其具有连接，恢复，补充的意思，它涵盖了事物的发展过程，基于各个专门元素的相互依赖性，其结果是在系统内实现了统一性和完整性。从更紧密的定义来看，整合被理解为系统的本身属性，一体化本身反映了各个有区别的部分连成整体的状态，以及形成这种状态的过程。在一般情况下，我们可以考察在传统框架内的某些属性，一体化作为一个过程同样具有内在属性，反映了其内部元素的连通性状态。应该指出的是，在一些研究中，一体化的概念正好涵盖了两个方面的内容，在动态方面主要体现不同部分整合成整体的过程，还是在静态方面仅作为连接状态的一种现象。在动力学方面，一体化决定了部分连接成整体的方式以及所涉及的机制，静态部分决定了整体结构的特征以及整体内部各部分相互作用的性质。

因此，在这些研究中，一体化的机制能够分为两个部分：一体化的实际机制（作为一个过程）和一体化的运行机制，而后者的解释被认为是一种特定类型的关系。在对一体化的性质展开研究后，需要建立与经济一体化相关的理论框架，在与分工和生产过程相关经济组织中，交易成本理论对一体化进行了定义，一体化被定义为用生产的组织结构取代市场交易的机制，这种方法是由现代市场环境中相互关联的主体的行为决定的。因此，布里亚特共和国的区域一体化是国家可持续发展的一个综合因素。地方政府的最高目标是提高区域经济的效率，区域经济在纵向和横向一体化方面具有相互联系的发展路线，不同区域经济实体自愿连接在一起的结构，只有通过实现整体效率提高这一目标，每个单独部分的效率才有可能同步提高，对各个区域的经济潜力状况进行估计，发现自然资源、生产技术、劳动力和科学资源的发展潜力。一体化的目标及其在区域经济中的动机应该是：①确保有效实现整合实体经济的生产潜力，即设备的装机容量；②确保生产周期中所用资源的获取；③寻找和制定方案，以有效地发挥相关部分的经济潜力，这些组成部分是由生产和消费的发展所决定的，即确保扩大和创新的再生产。

社会经济指标展现出了具体的发展趋势，大量资源（原材料、资金、能源、劳动力）的存在可能是一体化的先决条件。一体化是改善该地区经济的一种手段，应该对影响一体化的指标进行全面分析和评估，主要包括降低一体化水平的原因以及确保其提高的因素，只有全面分析主要因素才能确定一体化的目标。一体化的形式包括区域、行业间或行业内。此外，对一体化的分析也可以揭示出提高管理质量和消除阻碍生产多样化是重要的先决条件。如果区域经济发展战略符合行业的增长，那么区域经济的长远发展就有保证。经济本身（即使是一个地区）不能进行战略分析，需要借助"关键技术"和了解商业经济的发展情况，即使用经验丰富的专家和先进的技术。在第一阶段，国家和区域相关部门使用先进的技术来确定战略发展方向，并制定具体的项目和方案。在第二阶段，经济部门根据自我分析的结果以及对未来的预测，确定其执行的战略和机制，包括一体化进程的方向。对布里亚特共和国一体化的先决条件进行分析可知，其未来的经济发展是有潜力的，继续分析该地区社会经济状况的主要指标，我们得出以下结论：综合预算收入增长明显：2018和2019年分别为12 096.3百万卢布和17 251.2百万卢布。财务结果（利润减去损失）在2018年和2019年分别增长了474.4亿卢布和596.3亿卢布。与2017年相比，2018年的固定资产投资增加了24.8%，玻璃钢增长率达到6%～7%，农业、贸易和有偿服务等行业的营业额一直最高。与上一年相比，在2019年失业人数为10.98%，这表明其失业率呈下降趋势。

令人关切的是，失业人口中最大的百分比（61.1%）是工业企业、运输和通信企业以及农业工作者。布里亚特共和国平均月最低工资为12 130卢布，在企业所有制结构中，私营部门占65.6%，这为市场经济的良好发展打下了基础。

俄罗斯的经济发展与中小型企业的发展和扩张有关，在布里亚特共和国，小企业数量增加明显，与2016年同期相比，2018年小企业数量增长率为117%。然而，布里亚特共和国的中小企业只能在几个特定的行业里生产经营，包括：贸易，建筑，房地产，农业等等。固定资产状况的特点是价值高，折旧快（约30%～66%），这也是启动一体化过程的先决条件，能够充分调动共和国内企业的非流动资产。在过去几年中，固定资产投资主要有以下的变化情况：住房投资呈现下降趋势，设备和交通基础设施投资增长速度很快。固定资产投资的结构表明，融资的主要来源仍然是吸引的资金，占到 91.8% 左右，其中预算资金约占 41% 和联邦预算资金约占 33%。其他组织借来的资金水平较少，仅占 19.7%，这也表明了区域一体化发展的重要性。布里亚特共和国的经济的特点是企业的经营水平低下，产品和服务的盈利能力低，以及企业的资产不足。截至 2019 年，大量企业难以获利：包括：农业（3.2%）、交通和通信（6.3%）、教育（5.4%）、公用事业（1%）等。区域经济的主要经济指标包括企业的偿付能力和金融稳定性。在布里亚特共和国，目前的流动性比率没有达到国际的标准值，几乎所有类型的经济活动的股权比率都是负值。对布里亚特共和国社会经济状况的分析表明，共和国的企业对投资者仍然没有吸引力。因此，有必要按经济活动类型寻求比较优势，形成促进区域经济一体化进程的机制，并增加区域企业的商业活力和吸引外资。共和国积累了基于垂直合作形式的体化经验，即创建特定类型产品生产的产业链，这种一体化计划在农业部门尤为普遍，而金融机构通过对信贷资金的调配，具有促进一体化进程的作用。由此可知，国家对农业部门进行有效的指导和干预是一项有力的措施，即建立 300 家家庭农场生产牛奶和奶制品。根据这一计划，国家预算提供了 60 亿卢布，共和国的商业界需要加深一体化进程，同时注重本地区在自然等资源方面的优势，文化和娱乐的发展以及对公共基础设施的投资能够促进经济长期增长，也是一体化得以发挥效益的必要条件。

（三）城乡综合整治

布里亚特共和国的经济增长对工业的依赖程度较高，工业的增长才是国民经济增长的根本力量，农村地区的可持续发展和解决农村的社会问题是实现经济增长和社会福利最大化的重要条件，所以农业部门对布里亚特共和国是非常重要的。区域的发展在很大程度上取决于该区域的粮食安全战略，人力资源水平和人民富裕程度是吸引外部资本的重要条件。而买得起和吃放心的食物是社会稳定的重要保证，只有人们得到了丰富的事物，食品安全得到保障，国家才能长治久安。建立明确的法规和监管机制能够创造有利的投资环境，进而促进中小型企业和农业的发展，提升国家的综合实力，确保财政资金和银行信贷的有效利用，能够增加实体经济的稳定性。在 2019 年，布里亚特共和国农业生产效率的提高和农民生活水平的改善是国家重要的战略计划，国家确立了 66 个指标来衡量农业的发展，在这 66 个指标中有 53 个已经完成，完成率达到

80.3％，国家的年度指标计划基本实现。根据初步估计，在 2018 年以当年价格计算的农业生产总值高达 16 538 百万卢布，农业生产指数达到 106.9％，从横向对比来看，布里亚特共和国在俄罗斯远东联邦区排名第一。与去年同期相比，今年农业的各个指标有所降低，可能的原因是农业的增长与作物的生长规律有关。

根据布里亚特官方的数据，全国的所有农场在 2018 年总共出产 71.99 千吨粮食，比 2017 高出 1.8 倍。农业集体组织、农场以及个体企业家的种植的马铃薯总量达 27.2 万吨，比去年高出 43.3％，蔬菜达到 14.8 万吨（比 2017 年高出 1.7 倍），但是在恶劣的天气条件（早期降雪）影响下，小麦作物的产出量较低。根据 2018 年 10 月 9 日颁布的布里亚特共和国第 578-R 号政府令，引入了"紧急情况"制度，当降雨较少以及土地干旱时，草类的长势不好，导致畜牧业产量急剧下降，2018 年在市场上用于屠宰的牲畜和家禽达到 29.2 千吨，与 2017 年的水平保持一致。为了实现农业部门的现代化，布里亚特共和国为农业生产者购买了机械和设备，投入共计 1.6780 亿卢布，购买了 24 台拖拉机，包括 3 个 K-744R3 牌大型拖拉机、库兹巴斯牌播种综合机、多台 Vector-410 联合收割机、2 台马铃薯收割机、110 台 ZPM-PSM 谷物加工机器。在 2018 年，布里亚特共和国的保险业务开展良好，保险费用总额在俄罗斯联邦中排名第二。今年，布里亚特共和国共签订了 12.4 万公顷的农作物保险合同，总保险费用为 99 百万卢布。根据该部专家的估计数据，农业（不包括小型企业）平均月工资水平为 25 500 卢布，自 2015 年以来，除了来自俄罗斯联邦提供的赠款外，布里亚特共和国一直在为农业消费者提供赠款支持，在 2018 年为了鼓励农业的发展，白俄罗斯共和国政府竞争委员会表彰了 42 名获奖者以及 3 名农民，确定了来自不同地区的 3 个获奖者，表扬了他们对农业发展起到的带头作用。本次活动的主要目的是促进农业原料采购和加工的增长。由于国家出台了相关政策对农业部门提供了大力的支持，国家的就业情况良好，相关的指标如下。

在国家政策的帮助下，实施了农场创建和发展相关项目的农场共有 52 家，比计划数量高出 1.9 倍。在农业消费合作社，收到了国家物质和技术支持的单位共有 7 个，比计划值高出 23 倍。在 2018 年，有 883.4 公顷的土地投产了高值农业品种，有多家农产品公司成立。值得注意的是，1087 公顷的土地未能列入计划种植土地，基于这样的事实，由于缺乏财政资源（股权和信贷）一些项目被迫放弃，大量生产者推迟了重建灌溉系统的计划。

为了推行农村地区可持续发展战略，11 个家庭获得了国家的支助，得以改善住房条件，为了满足农村地区居民的要求，4 个城市获得了实施 4 个非营利项目（2 个非营利运动场和 2 个儿童游乐场）的资金，在村建造了一个面积较大的运动场，在布良斯克村完成了供水设施的建设，在一些地区实施"住房建设"项目。

（四）依法管理生态环境

保证良好的生态环境是国家政策的目标，国家生态领域政策的战略目标是保护自然生态系统，为社会的可持续发展提供强有力的支持，提高普通人民群众的生活质量，改善人口年龄结构和人口健康状况，并确保国家的环境安全。根据制定的相关文件，国家社会经济发展战略和国家生态政策的制定和实施是相互关联的，由于人口的健康与社会福利制度是分不开的。土地相关的法律规章实际上与社会上的每一个人都息息相关。根据俄罗斯联邦确立的社会经济发展规划，到 2020 年环境政策的目标是显著提高自然环境和人类生活环境的质量，形成能够协调自然资源和经济增长的发展模式和工业结构。因此，环境政策旨在促使整个社会达到帕累托最优状态，同时使每个人都能够拥有良好的发展空间。根据这一要求，生态领域的法律应该保持自身的独立性，而不是为了满足其他目标而牺牲了环境的相关要求。公共政策只有在公共利益能够得到保证的范围内才是有效的，国家未来能否保持良好发展直接取决于我们留给子孙后代什么样的自然遗产。鉴于布里亚特共和国的地理位置的独特性和自然资源的丰富性，当前的发展具有很大的优势。显然，要想保持较强的竞争力，需要在环境领域建立一个现代化的管理体系。《布里亚特共和国宪法》规定，土地和其他自然资源是布里亚特共和国人民生活的物质基础，影响到环境的经济活动受到联邦法律限制。贝加尔湖的面积约占约布里亚特共和国 60％ 的领土，也是在俄罗斯唯一被包括在贝加尔湖内的地区，此外，在俄罗斯联邦政府的支持下，湖泊盆地和邻近的沿海部分地区被列入世界自然遗产名录，"保护贝加尔湖和贝加尔湖自然领土"计划也是联邦目标计划的一部分，基于这一点，保护贝加尔湖的环境具有特殊意义，有必要建立保护水资源的规范性法律行为。文件主要还是基于 1999 年 5 月 1 日颁布的"关于贝加尔湖保护"的第 94-FZ 号联邦法律，该法律同时规定了贝加尔湖中央生态区的森林保护和砍伐规则，该法禁止持续伐木和提倡将农业种植用地转化为林业用地，以恢复森林资源。俄罗斯联邦通过了一系列的法律保护贝加尔湖的生态环境。

2019 年布里亚特共和国发布了《国家生态环境保护报告》，报告指出：在 2019 年，布里亚特共和国总统、政府部门和环境部门均出台了多部法律法规，自然资源部制定了 16 项法律，布里亚特共和国总统签署了 14 项法令，政府制定了 48 项决议以及 6 项命令，布里亚特共和国自然资源部和其他环境机构还颁布了 17 项法规。布里亚特共和国的这些法律和其他约束性法规目的是确保环境立法的质量和良好执行，从而加强布里亚特共和国人民的健康，实现社会经济发展和生态环境可持续的协调统一。特别是，在 2011 年 5 月 5 日布里亚特共和国第 1993-IV 号法规，并于 2011 年 11 月 15 日加入了关于大气保护的相关要求，它指出大气保护作为环境保护的一个重要方面，奠定了环境保护法规的基础。环境保护法的确立旨在保证生活在布里亚特共和国境内的公民享有良好的环境的权利。与此同时，布里亚特共和国的法律运用了许多科学的管理工具，例如提供空气中污染物背景浓度数据的程序，对当地空气污染的定量测算。

为了执行这项决议，布里亚特共和国政府与白俄罗斯共和国政府于 2011 年 12 月 6 日共同颁布第 643 号决议，《关于批准布里亚特共和国大气保护的执行条例》，鼓励公众对空气污染现象的监督。《关于保护布里亚特共和国定居点绿色种植的第 1997-IV 号基本法》，其目的是在保护、使用、维护和扩大布里亚特共和国居住区绿色种植方面建立法律规定，为居民提供有利的环境。布里亚特共和国政府在 2011 年 12 月 22 日通过第 689 号决议：《关于批准布里亚特共和国各地区绿地和园林绿化补偿费用标准的决议》。

布里亚特共和国总统在环境保护方面也做出了重要的贡献：①布里亚特共和国总统在 2011 年 10 月 7 日颁布《关于在布里亚特共和国境内建立森林紧急情况的法令》；②布里亚特共和国总统法令《关于批准布里亚特共和国资源开采限额和配额的期限》；③布里亚特共和国总统的第 86 号法令《关于布里亚特共和国自然资源部关于控制和调节野生动物资源使用的相关说明》；④ 2011 年 4 月 19 日颁布的《关于森林消防安全的附加标准》，这些法规的有效实行不仅改善自然生态环境而且在很大程度上解决了公共健康和安全问题。

因此，增加人类的生态文化意识和培养对自然的责任感是一个重要的问题，否则相关的政策措施将难以奏效。应该让普通居民形成一种意识，即应在不损害自然的情况下使用资源。为了有效实施有关环境管理模式的相关办法，有必要在保护自然多样性和实施经济发展之间找到平衡。想要确保高水平的环境管理方式，必须严格遵守联邦法律，需要该地区环境服务部门和社会各界的共同努力。如果能够达到这些条件，环境可以得到改善。

三、经验教训及启示

新兴工业化国家或地区与发达国家相比，走的仍是"先污染、后治理"的道路，但这些国家或地区环境污染防治经历中具有后发优势。

首先，它们可以借鉴发达国家的经验教训，利用发达国家的先进技术，填补发达国家产业结构转变后出现的空白，移植发达国家的先进管理制度。

其次，世界上已经形成的环保潮流成为推动这些新兴工业化国家或地区公众和政府环境意识提高的重要力量。因此新兴工业化国家或地区在经历"先污染、后治理"过程时环境质量下降的时期大大缩短。

第九章 我国现代生态经济与可持续发展的路径

随着经济的发展，我国资源、环境压力日益增大。政府出台并实施了一系列保护生态环境的法律、法规和政策，并实施了一系列的生态建设工程，我国政府也有保护生态环境的决心，探索我国生态经济系统可持续发展的保障机制和路径。要实现可持续发展，必须转变发展方式、生产方式和生活方式，协同作用从而达到绿色可持续发展。本章分为生态经济的可持续发展思想、生态经济可持续发展的保障机制、生态经济可持续发展的路径探讨三个部分。主要包括：生态经济建设必须坚持可持续发展战略，生态经济的生态文明建设、主体功能区规划等可持续发展思想，我国生态经济可持续发展的宏观机制和微观机制，生态经济可持续发展的能源可持续利用、合理开发自然资源、发展循环经济、构建生态经济发展的市场体系、实现共享生态经济可持续发展、开展生态可持续发展的对外贸易等路径等内容。

第一节 生态经济的可持续发展思想

一、生态经济建设必须坚持可持续发展战略

建设生态经济要求我们必须在环境和社会的可承载能力范围内发展经济，实现发展的绿色化和持续化，这与可持续发展的战略思想是完全相统一的。因此，在建设生态经济的过程中，我们必须坚持可持续发展战略。

首先，可持续发展战略要求的主题是发展。生态经济作为一种新型的经济发展模式，首先强调的也是发展。贫困是最大的环境污染，只有从根本上解决贫困问题，实现了发展，人们才会更自觉地保护生态环境。

其次，可持续发展战略要求经济与生态的协调发展。无论是生态经济的建

设还是可持续发展，绿色永远是发展的主要基调颜色。伴随着大工业时代的持续推进，生态环境对经济发展的承载能力正变得逐渐薄弱。在这种情况下，我们越需要实现发展，越需要以积极的态度保护生态环境，以获得环境长久的支撑能力。

最后，可持续发展战略要求代际的公平。从时间的角度来讲，可持续发展战略和生态经济建设都要求经济发展需要保持长久性和后劲性。我们的发展不能只顾及自己这一代人发展的问题，同时需要充分考虑后代发展的需求。我们这一代人要把环境发展的权利和义务统一起来，在维护我们自身环境权利的同时，也要为维护后代生存与发展尽应有的义务。在建设生态经济的过程中坚持可持续发展战略是实现我们中华民族永续发展的千年大计。

二、生态经济建设的可持续发展思想

2010 年以来中国被认为进入了中国发展的 3.0 版，新中国成立到改革开放被认为是中国发展的 1.0 版，即政治主导版，改革开放之后到 2010 年左右的 30 多年是中国发展的 2.0 版，即经济主导版，2010 年以来中国进入了以民生建设为主导的 3.0 版，而生态文明建设和绿色化将是中国发展 3.0 版的重要方面。事实上，中国在这一时期，通过制度创新、生态创新等有效推动了中国生态经济的可持续发展，自然资产损失从上升趋势转变为波动下降趋势，其中二氧化碳损害占 GNI 比重从 2010 年的 1.29％下降到 2014 年的 1.14％，能源损耗占 GNI 比重在 2011 年达到峰值 3.47％，而后开始迅速下降，2014 年中国能源损耗占 GNI 比重下降到 1.30％，自然资源损耗占 GNI 比重也是在 2011 年达到最高值 5.70％，而后迅速下降到 2014 年的 2.31％。科技创新能力的提升使得我国单位国内生产总值能源消耗量持续下降，从 2010 年的 1.14 下降到 2014 年的 0.78，同时资源生产效率的提升也使得这一时期我国的人均二氧化碳排放量的增长趋势放缓。在资本存量方面，这一时期我国的真实 GDP 开始呈缓慢上升趋势，从 2010 年的 100.8％升高到 2014 年的 101.9％，绿色 GDP 则从 2010 年的 111.9％提升至 2014 年的 113.7％。

20 世纪 80 年代以来，我国对环境治理的投入不断增加，但是我国环境治理的状况却很不理想，严重的大气污染、水污染、土壤污染等问题使得我国开始对过去 30 多年环境保护战略和理念进行反思。以往的环境治理是在发展模式不改变的情况下末端环境污染治理，而不是基于源头和整个生产周期的物质流和能源流的治理，以往的环境治理仅局限于资源管理和环境保护部门，而不是多部门的协同合作和全社会的共同治理。这一时期，我国开始意识到要实现绿色化，必须转变发展理念，更多强调经济效益、社会效益、生态环境效益的共同增长，而不是仅仅着眼于经济增长。这一时期，我国生态经济可持续发展的思想主要体现在：生态文明建设、主体功能区规划、划定生态红线、"新五化""五大发展理念"等方面。

（一）生态文明建设

生态文明是人类社会继工业文明以后的文明形态，是一个新的发展阶段：生态文明是人类遵循人与自然和谐发展的基础而取得的物质文明和精神文明的总和。生态文明最早见于 2007 年"十七大"报告，2012 年，"十八大"报告将生态文明建设提升至国家战略的高度，提出要将生态文明建设融入经济社会发展的方方面面，形成包括生态文明、经济、社会、政治和文化在内的"五位一体"的总体布局。传统经济发展模式强调经济增长对生态环境的无限掠夺，而传统的环境保护主义者则强调彻底抵制经济增长的负面效应，我国推进的绿色化和生态文明建设目的是排除这两种极端主义，强调投资于生态环境建设和资源节约利用对于发展的积极意义，强调经济、社会、生态环境三者共同的绿色化。

（二）主体功能区规划

主体功能区规划是 21 世纪上半叶我国一项重大的区域发展战略。主体功能区规划是以不同区域的地理环境承载能力为前提，核定不同区域的开发强度和发展潜力，以此规划未来我国经济地理格局。主体功能区规划将我国国土空间划分为优化、重点和限制、禁止等四种类型，并确定不同区域在我国经济社会与生态环境发展中的主体功能，以此推动我国经济社会与生态化境的协调发展，优化我国的国土空间格局。2006 年，主体功能区规划在"十一五"规划上首次提出，2011 年，《全国主体功能区规划》正式发布，计划到 2020 年，我国国土空间的主体功能区布局基本形成。主体功能区规划的核心理念就是要打破区域"唯 GDP"的发展模式，提出因地制宜，分类发展、分类开发、分类考核、分类政策的理念，最终目的实现我国国土空间的绿色化。

（三）提出"新五化"

"新五化"是指新型工业化、城镇化、信息化、农业现代化和绿色化。2015 年，在国务院颁布的《关于加快推进生态文明建设的意见》首次明确提出"绿色化"的概念，并把"绿色化"提升到国家战略的高度，表明中国生态文明建设的紧迫性和坚定性，也表明"绿色化"成为中国"四化"建设的核心价值观、可持续发展的基础和实现经济转型的可操作路径。在经济地理和区域可持续发展观的视角下，"新五化"协调发展的经济内涵是实现城乡经济一体化，各种要素在地理空间上实现优化配置；社会内涵是实现经济社会发展成果公平调配，城乡共享生存发展空间；生态环境内涵是将绿色融入"四化"，构建农村和城市，生产和生活共有、共享、共建的生态红利。"新五化"发展重在协调发展，各化之间要相互融合、相互促进、相互协调，共同推进，最终实现区域可持续发展。

（四）划定生态红线

随着对绿色化理论理解的深入，深刻的绿色化概念除了需要提高资源生产效率以外，还需要对经济增长的物质规模进行控制，不同区域的资源承载能力是有限的，经济增长的规模最终会受到自然边界的控制。在资源充裕的情况下，经济增长的规模可以无限扩大，但是在接近区域资源承载能力上限的情况下，经济增长的规模应该得到控制，从追求物质的增长转到追求人类综合福利的发展。基于这一思想，我国提出生态红线的概念，生态红线根据环境生态系统的动态性、完整性和连通性要求，划定需要保护的区域，目的在于保护我国生态环境的安全，推动我国的可持续发展，被誉为我国的"生命线"。2011年，我国提出划定生态红线的要求，2016年，环保部发布《全国生态保护"十三五"规划纲要》提出到2020年我国基本建成生态保护红线制度。

（五）五大发展理念

发展理念对国家经济、社会、生态环境的发展起到指导性的作用，决定着国家发展的成效。"五大发展理念"是国家经济与社会发展第十三个五年规划乃至之后更长时期我国的发展理念及发展方向，也是二十世纪八十年代以来我国发展经验的最新理论成果。"五大发展理念"中的绿色就是坚持绿色发展，坚持环境保护的基本国策，坚持国家可持续发展战略，加大环境治理力度。"五大发展理念"的提出使得我国的绿色化进程开始逐步从"浅绿"走向"深绿"。

第二节　生态经济可持续发展的保障机制

一、总体思路

我国目前存在巨大的生态压力，物种减少、资源存量降低、环境舒适度低，甚至人的基本需求——清新的空气都成为奢望，可以说这种状况的转变势在必行。

自 20 世纪 20 年代以来，主要由于人均消费的增加而导致的我国总生态足迹和生态赤字的迅速增长，迫切要求我们加快产业转型升级，转变现有的粗放的生产、消费方式，节约利用资源、能源，节约消费，构建节约型社会。另外，总生态足迹中碳足迹的比例明显增加的趋势，提醒我们必须立刻改变这种对气候影响显著的高碳的生产、生活方式，自 2013 年始席卷了大半个中国的雾霾天气就是大自然对我们的一个现实的报复。因此必须倡导低碳的生产、生活方式以遏止这种趋势。具体来讲，就是调整产业结构以转变发展方式为科学发展，调整粗放型生产方式为集约型，实现高碳到低碳的转变，提倡节约消费，构建节约型社会。

经济发展过程中有很多原因可能导致生态环境问题。针对目前我国的生态经济形势，要实现生态经济的可持续发展，从根本上来说，国家应该转变发展方式，企业应该转变生产方式，个人应该转变消费方式，共建生态文明。当然，追求可持续发展，途径是转变发展方式、生产方式和生活方式，而这需要多种手段和制度体系的协调配合，以激励、约束各行为主体，也就是需要建立一套保障机制。下面将从宏观、微观两个层面来分析我国生态经济可持续发展的保障机制，主要思路如图 2 所示。

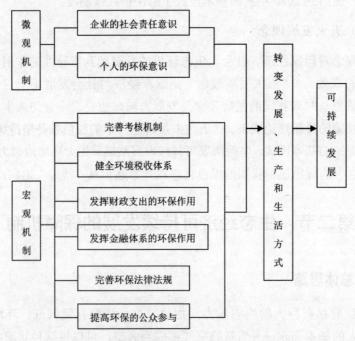

图 2　我国生态经济可持续发展保障机制

二、宏观机制

（一）完善考核机制

1.完善地方干部的政绩考核机制

进一步完善干部的政绩考核机制，切实改变唯 GDP 的政绩观，这对于环境保护具有本源意义。将绿色 GDP 或生态足迹等生态指标纳入干部的政绩考核体系，明确划分生态责任。为了能够严格监控好产污企业，切实保护好生态环境，地方官员的考核体系必须改进，建立绿色考核指标体系。

2.完善环境监管部门的考核机制

在环保实践中，要达到约束企业排污行为的目的，需要对产污企业加强监督，使得违法排污行为能被及时发现，并且增大处罚力度，通过税收等政策将企业排污的外部成本内部化，以有效的控制企业的排放水平。因此，环境监管部门，必须对产污企业进行严格监管。这也需要建立一套制度以激励、约束环境监管部门的行为，严格防治环保腐败现象的发生。

（二）健全环境税收体系

要持续完善独立环境税的征收和一般税种的绿色化改革，建立一套完整的环境税收体系，以内部化企业的污染外部性，优化资源配置，保护生态环境。

①切实推进相关新的独立环境税种的开征工作。

②加快既有税种的绿色化改革，开发既有税种的"绿色"潜能。

③继续推进税收优惠政策的实施，支持新兴节能环保产业的发展。

④国家应该对整个环境税收体系进行系统的顶层设计，以更好地发挥各个税种的协调互补作用。

（三）发挥财政支出的环保作用

1.加大财政对环保科技的支持

国家应该加大环保投入，尤其是环保科技的投入，并且加快环保科技的成果转化。主要包括以下几方面的科技：节能环保产品的科技研发；生产设备和交通运输设备的节能环保化科技创新；环境监测技术；废物回收利用技术和污染物的净化技术等。

政府应该充分发挥政府的主体作用，大力引导、支持发展绿色环保科技，纠正之前的科技异化问题；创新环境检测技术，建立完善、科学的环境评估体系，提高企业违法排污风险和成本；加快机械设备的节能环保技术和新产品等的研发和应用，提高能源利用效率，发展循环经济，进行清洁生产。

2.提高财政对新兴环保产业和开展节能减排的企业的支持力度

支持新兴环保产业发展，促进节能减排产品的推广。由于新兴环保企业建立之初，资金短缺，市场销路不宽，运营困难，所以国家应该对那些未来将会对节能减排贡献大的高科技节能环保企业予以财政支持，并帮助宣传推广节能减排产品，也可以通过政府购买支持节能环保产品，为企业注入活力，并起到带头示范作用。并且对开展节能减排、清洁生产、发展循环经济的企业予以政策优惠和支持，鼓励传统企业的节能减排，转型升级，淘汰落后产能。

（四）发挥金融体系的环保作用

发展绿色金融，切实转变传统金融业以经济利益为导向的盲目的不顾环境利益投融资行为，而是在投融资行为中充分考虑环境因素，支持绿色产业的发展以及传统产业的绿色化升级，以达到促使企业转型升级和调整产业结构的目的，进而转变生产方式，保护生态环境。

（五）完善环保法律、法规

为保障各环保政策的顺利和有效地实施，政府应该有相适应的法律、法规。我国的环保立法，必须明确规定各方的权利和义务，强化对污染者的处罚力度，保障公民的环境权。

①必须能够对违法者形成约束，也就是增大违法成本。

②健全我国的环境公益诉讼环境，降低环境公益诉讼门槛，提高环境保护的公民参与度。

③对环保部门失职、腐败等行为，要严格追责。

④增大我国环保部门的行政权力，保证其统一监管和其执法权。

（六）提高环保的公众参与

在现实的生活中，法律意识、公民意识等内容常常为人们所关注，但是生态环保意识并没有得到足够的关注。实际上，培养社会公众的环保意识同样具有非常重要的意义。

一方面，培养社会公众的生态环保意识能够激发社会公众保护自然环境的内在动机。通过提高社会公众生态保护意识水平，能够使生态保护行为实现从"要我做"向"我要做"的积极转变，使社会公众能够自觉地保护自然环境。这样就可以营造保护环境的社会氛围，为环境保护实践提供坚实的群众基础。

另一方面，培养社会公众的生态环保意识，能够改变人类中心主义的理念，尊重生态价值。在传统的经济发展模式中，人类中心主义曾经占据主流的思想，这使得生态发展的权益并没有得到充分的关注。加强社会公众的生态环境教育，培养社会公众的生态意识，尊重生态的价值，这使得人类在生产与发展的过程中，能够尊重生态价值，寻求人与自然和谐发展的具体措施，积极实施可持续发展战略。

因此，政府机构与社会组织应该充分认识培养社会公众环境保护意识的必要性与重要性，积极采取措施，加强社会公众的生态教育，切实提高社会公众的生态保护意识水平。政府机构要加强环境保护方面教育与宣传，倡导生态保护的理念，让社会公众认识到保护自然的重要价值。这可以促使他们在生活与工作中，积极做好环境保护工作，推动生态文明建设。

三、微观机制

如何认识人与自然之间的关系，直接影响社会公众对生态环境的态度以及政府的公共环境政策，对生态文明的建设与发展有着极其重要的影响。受到人类中心主义思想的影响，不少的组织与个人在认识人与自然之间的关系方面，过分重视人的价值，过分强调人在改造自然方面的主观能动性。这种以人为中心的观念，认为人的地位高于非人类自然，自然的价值没有得到合理的关注。这种错误的人与自然关系的观念，导致人类在改造自然的过程中，过分强调了自身的欲望与利益，而忽视了自然的存在与发展进化的权利，带来严重的环境问题。

根据阿伦·奈斯的深层生态学思想，人与自然和谐共生不仅是人类与其他生命的共生，更是人类与自然本身的共生。因此，正确处理人与自然的关系，应该认识到人与自然具有平等的地位，自然界中的其他非人类的生命体同样拥有生存与发展的权力。基于这种两者平等关系的认知，认识到人与自然之间的关系为共生与平等的关系，可以在思想上改变人们的观点，促使人们重视自然生态的地位与价值，最终实现人与资源的和谐发展。

（一）树立全面的生态保护理念

政府机构与社会组织在培养公众保护意识的过程中，应该引导社会公众树立全面的生态保护理念，主要包括如下三个方面。

1. 认同生态价值

意识到人类与非人类生命体是一个统一整体，倡导生命中心主义平等准则，认为人类与非人类的生命体拥有均等的生存与发展的权利。因此，培养社会公众的环境保护意识，应该认识到非人类生命形式同人类一样在地球上有其生存和发展的权力，与人类一起构成了生命共同体。这种整体性的理念，能够促使社会公众在生产与学习中，在实现自我欲望的同时，能够充分关注生态的价值，避免为了满足自身的需求，过多的影响和破坏生态系统的发展。根据这一理念，人类在推动经济与社会发展的过程中，会将生态因素作为一个重要的因素，并在发展的过程中，进行认真的贯彻执行。这可以实现人与自然的和谐发展，实现可持续发展战略。

2. 推崇节俭的生活方式

采用简单的方式获取生活中的幸福。节俭是中华民族的传统美德，在培养社会公众的环境保护意识的过程中，可以宣传和推广简单的生活方式，让社会公众能够认同与采取简单的生活方式。社会组织可以发挥自身的作用，通过网络的形式，对简单的生活方式进行宣传和推动，培养简约朴素的社会风气。通过宣传与鼓励节俭的生活方式，这能够让社会公众在生活中能够节约生活资源，避免因为过度占用生活资源而给生态发展带来压力与破坏。

3. 倡导以精神生活为核心的生活质量标准

不能将物质水平作为生活质量标准，以便避免因为人类为了拥有不断增多的物质生活资料而过度地占有生态资源，对其他形式生命体的存在和发展产生负面的作用。因此，我们可以强调人们不断丰富自身的精神生活内容，引导社会公众注重精神生活，精神世界满足了，人类整体的生活质量才算真正提高了。

（二）构建完善的生态保护机制

构建人与自然的共生理念，要求人们不断完善生态保护机制，从根本上实现对自然生态环境的保护。生态危机使人们意识到人类必须有所改变，这种改变包括世界观、价值观、社会制度、科学技术、行为方式以及人与自然的关系等诸多方面。这凸显了构建完善生态保护环境机制的必要性与重要性。当前，我们推进生态文明建设，构建完善的生态保护机制，可以采取以下几个方面的措施。

1. 建立生态保护的法律体系

法律具有权威性与强制性，通过构建完善的法律体系，能够将生态保护的行为上升了国家法律的意志，通过法律的强制性，保证国家生态环境政策的落实。因此，法律是保护生态环境的强制手段，对环境保护的立法是实现和谐共生强有力的手段。立法部门应当立足于生态环境保护的需求，进一步制定与完善生态环境保护的相关法律法规，为生态环境保护行为提供法律支撑。系统完善的生态环境法律制度，一方面可以为执法部门保护生态环境提供法律支持，另一方面相关的法律条文能够对企业与个人的行为进行规范与约束，为他们落实生态环境保护的目标提供方向与指引。

2. 制定生态保护的公共政策

除了构建完善的生态环境保护法律制度外，政府部门也应该实施生态保护方面的公共政策。环境保护、市场监督等与环境保护相关的部门，应该围绕生态环境保护的需求，制定相应公共政策，并极力推动环境治理任务的落实。比如环境部门可以规范自然保护的程序与方法，从公共制度上预防破坏生态环境行为的出现。

3. 加强生态环境保护知识宣传

构建完善的生态保护机制，要加强对企业与个人的生态保护知识的宣传，使生态环境保护成为一种自觉行动。政府与环境保护组织，可以就生态环境保护的相关知识，向自然资源开发的企业与社会公众进行宣传与发布，帮助他们认识到生态环境保护的重要性，增强他们保护生态环境的行动自觉性，从而为构建完善的生态环境保护机制奠定坚实的社会基础。

（三）构建系统的生态教育机制

要改变人们的价值观，构建生态中心主义的社会文化，从而在根本上促进生态问题的解决。价值观的改造与生态文化的建设，有赖于生态教育体系的构建。因此，推进生态教育建设，构建生态教育体系是其中必不可少的一环。事实证明，通过政府、学校与社会组织的协同作用，构建完善的生态教育体系是行之有效的。

1. 发挥政府的引导作用

政府在生态教育体系的构建过程中，应该发挥引导作用。政府可以通过制定生态教育方面的政策，对生态教育体系的建设进行引导并制定相关规范，切实保障生态教育的成效。

第一，加大对生态教育的财政投入。生态教育体系的建设有赖于坚实的物质基础。因此，政府应该加大在生态教育方面的公共支出，从经费投入方面保证生态教育的实施。政府可以在制定生态环境建设预算的时候，将生态教育作为一项单列计划，保障生态教育的实施。

第二，制定生态教育的政策与规范。政府可以通过发挥自身的引导作用，制定生态教育的相关政策，推动生态教育措施的落实。环境保护部门可以制定生态知识教育方面的政策，而教育部门则可以对学校实施生态教育进行规范与要求，从多个方面推动生态教育的实施。

第三，基层政府部门可以加强生态保护知识的宣传与教育。基层行政部门同社会群众具有密切的联系，是生态保护知识宣传与教育的重要渠道。因此，镇政府、街道办事处等基层的政府部门，围绕生态教育的相关内容进行宣传与教育，提高社会公众对生态环境保护的认识，掌握生态环境保护的方法与技巧。

2.加强学校生态教育

学校教育是生态环境教育体系中的基础。因此，推动学校生态教育体系的发展，是提高生态教育的整体水平可行途径。

学校尤其是中小学基础教育，应该将生态教育融入第一课堂教学之中。学校教师可以让生态环境保护的相关知识，融入语文、数学、英语、生物等学科教育之中，在相关学科知识的教学过程中，培养学生的生态保护意识，丰富学生的生态知识，帮助他们掌握环境保护的技能与方法。同时，学校可以依托第二课堂平台，举办生态环境保护相关活动，培养学生的环境保护意识。学校可以利用周末或者寒暑假，组织学生开展环境保护方面的知识宣传与实践活动。通过相关的实践活动，能够让学生在实践中，学习生态环境保护的理念，增强对生态环境的意识。

另外，学校可以组织学生深入到大自然中，感受自然的价值。要鼓励人们深入到大自然中，到荒野中去，与自然保持亲密性，体验和感悟人与自然的统一。因此，学校可以组织学生到大自然中进行观察，对于一些高年级的学生，学校可以组织他们到大自然，围绕某个环境问题进行调研与考察。这可以增强他们同大自然的亲密接触，更好地感悟自然，认识自身与大自然的共生关系，意识到保护自然环境的重要性。

第三节　生态经济可持续发展的路径探讨

一、能源可持续利用

随着经济的发展，中国能源的消耗正在快速增长，已经成为全球能源消耗最多的国家。目前中国的能源结构不均衡，较其他能源而言中国的石油和天然气能源相对短缺，因此对其他国家的依存度较高一些，石油占到总能源消耗的19%，天然气则占比9%，核能发展相对落后。我国的煤炭资源和可再生能源储藏丰富，其中水力资源位居世界第一，风能和太阳能资源均高于世界的平均水平。

由于中国的能源消耗以煤炭为主，过于单调的能源消耗导致了能源结构的不均衡，进一步造成了一系列的生态环境问题，严重阻碍了我国的可持续发展。因此为了促进可持续发展，中国应该从改善能源结构着手。习总书记提到中国的能源发展正面临巨大的挑战与机遇，我们必须根据中国现有的资源状况，把握好发展的有利趋势，推动中国能源产业的发展，为可持续发展提供坚实的保障。

能源指的是可以供给能量的资源，能源大致可分为两种，一种是地球本身贮存的能源，比如目前最受世界各国普遍重视的核能、地热能等。另外一种能源则来自太阳，我们所使用的能源大部分都是来自太阳，主要有水能、风能、潮汐能、生物质能等。

能源问题实质上是能量转化的问题，在能量转化的过程中，会伴随着熵的变化。如果人类在利用能量的过程中产生的额外熵非常大，那么这种生产方式是不利于可持续发展的，不应该被采用。比如所谓的生物燃料就不能被认为是可持续发展的能源生产方式，生物材料是复杂高度有序的材料，熵比较低，然而在燃烧过程中产生的废气是混乱的和无序的，具有非常大的熵，产生了巨大的额外熵。而且燃烧过程中释放的热能只有一小部分能被人类利用，大部分都储存在废气中，不能被利用。因此不应该把生物材料当作燃料，而应该把它们当作食物、饲料或者肥料。

另外与能量相关的问题是热能与机械能，机械能能够以100%的效率转化成热能，但热能却不能在不损失机械能的情况下转化成热能。因此，机械能对我们更有价值。当我们把热能转化成机械能时，从高温处获取热量，热机将一部分热能转化成机械能，其余的释放到低温处。温差决定了效率的高低，温差越大，效率越高，这也是为什么柴油机发动机的效率要比汽油机发动机的效率要高一些的原因。

在能量转换过程中，效率起到了决定性的作用。从熵的角度来探究常见的能量转化过程，也就是转换的效率。

（一）水能

水能是一种清洁的绿色能源，属于可再生能源。中国水资源丰富，水能的开发利用潜力巨大，由此可知水能是中国能源构成中非常重要的一种。水能的利用主要是水力发电，利用水电站将水能转化成电能。水电站工作原理是利用建造的建筑调节并汇集天然的水流落差的水头，将它输向水轮机，经过水轮机与发电机一起运转，使水能转化成电能。

按照水电站的装机容量，中国的水电站可以分为大型、中型、小型三大类，其中装机容量大于 250 MW 的称为大型水电站，装机容量大小为 25 ～ 250 MW 的称为中型水电站，装机容量小于为 25 MW 的称为小型水电站。中国最著名的水电站是位于宜昌市的三峡大坝，它是世界上最大的水力发电站。同时也是中国实现可持续发展过程一个非常重要的里程碑。三峡大坝水电站总装机容量达到了 22.5 GW，水电站机组效率高达 94%，假设水能产生的能量为 E=1 TWh=3600 TJ，那么我们可以估算在水能转化成电能过程中产生的熵，根据热力学熵可推导出熵与效率的关系如下。

$$\Delta S = \frac{\Delta Q}{T}$$
$$= \frac{E - W}{T}$$
$$= \frac{E(1 - \eta)}{T}$$

由此可得三峡大坝混流式涡轮机在温度为 T=300 K 和效率为 94% 的条件下产生的大小为 ΔS=720 GJ/K，对比总的能量不难看出，热量的浪费是非常小的，产生额外的熵也是比较小的。目前其他的大型水电站的最高效率为 90% ～ 94%，小型的水电站也高达 88% ～ 92%，可见水电站的效率相对来说都比较高，效率越高，产生的额外熵就越小，因此安装水力发电是非常有益的，有利于推动中国的可持续发展。

水力发电也可有灌溉和控制洪水等优点。中国水资源十分丰富，储存了 6.8×10^{12} W 能量，可开发有 3.8×10^{12} W。水资源是可再生的清洁绿色能源，可以循环使用。针对中国水资源的现状，我们应该合理的开发和利用水资源，在保护好环境的前提下，充分的利用水能去实现中国的可持续发展。

（二）风能

风能是地球表面的空气流动而产生的动能，风能是一种可再生能源，同时也是无污染的清洁能源。风能可以被人们用来风力发电，借助风轮机把风能转化成电能。中国的风电资源主要集中东北、西北、华北地区，其中内蒙古、新疆、甘肃和江苏近海地区风力资源非常丰富。中国风力发电的发展现状相较于发达国家稍显落后，但是在进入 21 世纪后中国加大了风电的利用，风能也能在中国的能源中占有一席之地。

在风力发电中，我们通常用 C_P 来表示风能转化成电能的转换效率。对应的计算公式如下。

$$C_P = \frac{P_{机械能}}{P_{风}} = \frac{P_{机械}}{\frac{1}{2}\rho S v^3}$$

其中 $P_{机械}$ 表示风力发电的实际功率，ρ 表示空气中的密度，S 表示风轮机扫过的面积，v 表示风速。根据贝兹极限理论可得 C_P 最大值为 0.593，但是由于风力风轮机的机械损耗等因素影响，导致实际中的风力发电机的转换效率达不到最大值，一般风能转换的效率为 $0.3\sim0.4$。在不同的风力发电机组的 C_P 值也不一样，我们以 1.5 MW 的大型风力发电机为例，其额定风速为 $13\sim16$ m/s，C_P 值也就是风能转化成电能的效率为 0.45 左右，假设风能提供的总能量为 $E=1$ TWh$=3600$ TJ，可以根据熵与效率的关系 $\Delta S=E(1-C_p)/T$，则在温度为 $T=300$ K 和风能转换率为 45% 的条件下熵为 $\Delta S=6600$ GJ/K。

对比水力发电，风力发电的转换效率较低，产生的额外熵也比较大，因此风力发电没有水力发电那么理想。从风能转换效率公式可以看出风速也会影响风能转换效率，而在实际上，3 m/s 以下的风速需要做大叶片才能够接受足够的能量，25 m/s 以上的风速，整体风轮机负荷太大，机组成本太高，则风速的大小为 $3\sim25$ m/s 才适宜发电，那么风能转换效率也会因风速而受到限制。

但我国的风力资源非常丰富，特别是东北、西北等地区，风速超过 3 m/s 以上，有的地方甚至年年三分之一的气象条件是有风，选择适宜的地方适度的开发风能是有利于中国的可持续发展。不过风力的其他用途要较理想，比如帆船的风帆可以很好地适应风速，风的动能可以直接转换为船的动能，没有其他的转换步骤，只产生了很小的额外熵，更有利于可持续的发展。

（三）太阳能

太阳能是指由于太阳热辐射而产生的能量，主要通过光热转换与光电转换这两种方式被人类利用起来。目前太阳能一般被用来发电，利用太阳能电池板将太阳能转化成电能。太阳能和水能、风能都是可再生能源，是取之不尽，用之不竭的清洁无污染能源。太阳能同风能一样也是间接性工作，太阳能只能在白天吸收太阳的热辐射被用来发电，而且由于受气候的影响，雨雪和阴天天气也都会影响太阳能的使用。目前中国太阳能的光电利用还不是很广泛，光电技术还不够成熟，仍然处在发展中阶段。

太阳能电池板的主要材料是硅，其中最早被人类研究的是单晶硅，目前单晶硅太阳能电池在实验室中的转换效率可达到25%，光电转换效率的理论值可达到30%，由此可见热量的损失是非常巨大的，$E=1\text{ TWh}=3600\text{ TJ}$ 的太阳能会产生 $\Delta S=9000\text{ GJ/K}$ 的熵，熵值也是相当大。另一方面，太阳能电池板的价格非常昂贵，占地面积大且太阳能转换效率不高，高效硅太阳能的效率只有18%～20%，而商品硅太阳能的效率仅仅只有12%～15%，目前来看这是不利于可持续发展的。

但单晶硅太阳能的转换效率接近热机的卡诺效率，且没有废气的污染，因此太阳能在能源中还是具有一定的竞争能力。随着科技的发展，太阳能光伏板的转换效率也在逐步提高，未来或许会成为可持续发展中重要的能源。

（四）煤炭

中国的煤炭资源十分丰富，储存量处于世界第三，因此煤炭资源顺理成章地成为了中国的基础能源。由于煤炭具有价格低廉和储存量丰富等优点，随着经济的迅速发展，中国对煤炭资源的需求量也迅速的增长，煤炭在能源消费结构中占据着主导位置，导致中国成为全球煤炭消耗量最多和全球产量最多的国家。

煤炭资源被广泛用于电力、化工等领域，将煤炭用来发电实际上是将一次资源转化成二次资源的过程，对应的煤电转换效率公式如下。

$$\eta = \frac{\text{输出能量}}{\text{输入能量}}$$

其中输出的能量以 kW·h 表示，而 1 kWh 相当于 0.1299 kg 的标准煤。输入的能量指提供电力所消耗的能量，则煤电转换效率可为 $\eta = \dfrac{0.1299}{\text{输入能量}}$。在2012年，全国电厂供电煤耗为 326 g/kWh，那么当时煤电转换效率为 $\eta = \dfrac{0.1299}{0.326} = 37.7\%$。

至今，泰州发电有限公司电厂供电煤耗为 265 g/kWh，煤电转换效率可达 48%。我们以此为例，来求出煤炭资源转换电力时所产生的熵的大小为 $\Delta S=6240\text{ GJ/K}$，可见转化过程浪费的热量和产生熵的大小也是非常大的，而且燃烧煤炭也会产生大量的废气，如果这些废气不经处理的话会对空气造成严重的污染，不利于中国的可持续发展。

（五）核能

核能被称为原子能，具有巨大的能量与威力，是目前最先进和最现代化的一种的能源，也是未来人类抱有希望的能源之一。人类使用核能一般有两种方式，一种是利用核聚变而产生的能量，例如铀的核裂变；另外一种是利用核聚变而产生的能量，比如锂聚变和氚聚变等，目前能够安全使用的是核裂变。地球上蕴藏着丰富的铀等裂变资源，如果人类能够合理地利用这些核裂变能源，那么人类上千年的能源需求问题就能迎刃而解。但目前人类对核裂变的利用还处于初级发展阶段，中国的核能利用相较于西方发达国家起步要更晚一些。

类似于水电站可以利用水能进行发电，核电站也可以利用核能发电，核反应堆中核裂变所产生的热能可以被人类用来发电，它和火力发电非常相似。在不同的反应堆中，核能转换电能的效率也是不同，例如 AP1000 型核电机的热功率为 3400 MW，电功率为 1250 MW，那么可以算出 AP1000 型核电机的效率的理论值为 36%，在总能量为 1 TWh 的前提下核能转换电能过程中所产生的熵为 $\Delta S = 7680\,GJ/K$。在中国实验快堆的热功率为 65.5 MW，电功率为 25 MW，则效率的理论值为 38.2%，在同样的总能量下产生的熵为 7416 GJ/K，与煤电转换所产生的熵值对比，其大小相差不大，且核能是清洁无污染能源，因此相比较煤炭资源，核能更利于中国的可持续发展。

（六）其他能源转换

潮汐能——与水能原理相似，有开放和封闭式涡轮机，其中封闭式涡轮机的效率相对较高，在开阔的水域和较慢的水流中航行更具有优势。

地热能——源于放射性核衰变，是实用型能源。例如天津和西安利用地热能提供暖气，同时它还可以用来发展温泉旅游。使用这些更有利于中国可持续发展。

热泵——利用电能提供热。利用反向热机将外部低温热源的热量转化为内部的热量来加热房间，对比相同的产热，会减少约为 3 ～ 4 倍的电能消耗。虽然这种加热比直接加热价格要贵，但反热机浪费的余热和产生的熵要小，因为此装置使用外部的电源，不是一个封闭的系统，则总体产生的熵为负值，有利于中国的可持续发展。

石油、汽油等燃料能量——这些燃料的能量转换成机械能，转换的效率接近卡诺效率，而卡诺效率在 30% ～ 40% 之间，在燃烧过程中会产生污染空气的废气，对于未来的能源发展，这是不利于可持续发展的能源。但是出于经济发展的需要，目前对石油等燃料的需求仍然较大。

我们将以上不同形式能源的计算结果汇总如表2所示。

表2　不同形式的能源利用

不同形式的能源	效率/%	$\Delta S/(\text{GJ/K})$
水能	94	720
风能	45	6600
太阳能	25	9000
煤炭	48	6240
核能	38.2	7416
石油、汽油	30～40	7200～8400

从上表中对比不同形式能源的计算结果得出，水能更有利于中国的可持续发展，核能是最具有潜力的能源。

二、合理开发自然资源

习近平总书记提出"绿水青山就是金山银山"是新时代生态文明建设的重要原则。"绿水青山就是金山银山"的理念是从深层次上解决生态和经济发展的关系的主张。落实"绿水青山就是金山银山"的理念要求我们从思想上重视环境保护，实现自然资源开发与经济社会发展的均衡。在这一过程中，要改变传统的先污染再治理的发展思路。传统的先污染后治理的发展模式给自然带来严重的危害，影响了人与自然的和谐发展。因此，落实"绿水青山就是金山银山"理念，就必须认识到人类与生态环境的整体性，要合理开发与利用自然资源，避免对自然资源进行过度的掠夺与开发，从而对人类的可持续发展带来严重的环境问题。

"顺应自然"的自然资源开发理念，要求我们根据科学规律，对自然资源进行合理开发。长期以来，自然资源的开发行为被人类利益所驱使。人类根据自身的需求，不计后果的、无节制地对自然资源进行开发，没有尊重自然资源的开发规律。这些行为给自然资源的合理开发利用带来严重的后果。因此，根据"顺应自然"的理念，需要我们在尊重自然资源开发规律的基础上，对自然资源进行科学、有计划的开发与利用。

我们在正式对自然资源开发之前，应该对自然资源的情况进行调研与了解，对自然资源的整体情况与特点进行充分的了解，为自然资源的开发提供事实基础。在此基础上，应该结合各类自然资源的特点，采用先进技术，有计划地合理地对自然资源进行开采和利用，提高自然资源开发效率。

同时，政府部门对于一些不合理甚至非法的自然资源的开发行为要进行严厉的惩罚和打击。一些组织与企业为了经济利益，无视自然资源的开发规律，进行掠夺式的自然资源开采。这些不尊重自然资源开发规律的行为严重影响了自然资源的可持续开发利用能力，带来了严重的环境问题。针对这些行为，政府相关部门，应该进行严厉的打击与惩处，合力遏制乱开采自然资源的情况出现。应该对自然资源开采的公司进行严格的要求，不定期对它们的自然资源开发行为进行监督与规范，要求它们遵守国家的相关法律法规，根据自然资源的规律，科学地进行自然资源开发活动，从而保证自然资源的合理开发利用。

三、发展循环经济

传统经济发展采用的是"资源—产品—污染排放"模式，这是一种线性经济模式。在此模式的基础上，通过对相关循环经济理念的应用，将其转变为"资源—产品—再生资源"的闭环模式，在其反馈作用下，实现对物质使用的闭路循环，提高了物质和能量在经济活动中的使用效率，也有效地降低了污染物向环境的排放量，甚至实现污染的零排放。在这个过程中，对其产品进行合理的利用以获得相关经济效益，使得相关经济活动的进行符合物质循环原理，从而构成"资源—产品—再生资源"的模式，使得相关生产物质通过循环实现效益的最大化，在过相关经济过程中，降低废弃物的出现。如今人们对可持续发展战略的认可程度不断提高，相关发达国家已经开始循环经济的设计工作，进而实现循环型社会的最终目标。

发展循环经济要符合生态学的相关规律，才能做到对自然资源和环境容量的最大化利用，通过清洁生产的方式，提高废弃物利用率，在一定程度上减少污染物的产生，并将其向资源化和无害化转变，使得经济发展融入相应的生态物质循环领域，有效降低在经济增长过程中废弃物的排放情况。在相关循环经济的实践中，制定循环经济活动的准则，具有较强的生态经济特征。为开展经济活动模仿生态系统提供了一定的基础，根据相关物质循环的原理，以及自然界中能量流动的途径，进行相关经济系统的设计，将其纳入相应的物质循环之中，从而形成特殊的经济体系。这种经济具备低投入、低排放、高效益的优点，对缓解环境与发展之间的矛盾有重要的研究价值。

发展循环经济，就是要实现对资源的有效利用，降低产业对资源的需求，减轻产业对资源的依赖压力。在这个决策推行的过程中，通过提高对资源的开发程度，减少相关高消耗的活动开展，对废旧产品进行再次资源化，使其具备一定的再利用价值，使得相关生产中的废弃物变为其他生产环节的再生资源。

总的来说，循环经济的核心内容就是对资源进行高效的、循环的应用，而要实现从传统观念向循环经济观念的转变，其重点是实现资源利用模式的转型，即从"资源—产品—废弃物"的线性资源利用模式，转型到"资源—产品—废弃物—再生资源"的资源循环利用模式。在实际的工业生产与消费服务等方面，积极落实和推行"减量化、再循环、再利用"等基本原则，从而在最大限度内对资源进行合理利用，同时保证最低限度的废弃物排放，最终实现资源的节约以及生态保护的目标。实践循环经济，就需要人类社会在经济与环境方面的进步始终保持在可持续发展的同一节奏上，使得经济增长从粗放模式向集约模式转型，彻底改变原来"高消耗、高投入、高污染和低效率"的状况。

实质上，实践循环经济是以环境的保护作为根本的出发点，以生态、经济以及社会全方位的可持续的发展为目标，应用相关生态学方面的各种规律来对人类在生态、经济以及社会等多方向的活动进行合理的指导。循环经济这种发展道路是顺应人类发展的必然趋势，是经过几百年来经济与社会飞速发展之后，人类应当放缓脚步进行反思自身行为的最新途径。在产业发展方面，产业体系内部为了提升资源综合利用效率，减少废弃物的产生，并对其相关废弃物进行回收利用，最终形成一定的产业链结构，使得产业活动具有一定的循环经济特征。循环经济产业链遵循"3R"原则的相关标准，制定出新型企业的合作方式，能够实现新的价值出现，并且能够使产业链有一定的延伸，将相关生产过程中产生的副产品或者生活垃圾作为某类生产的原料供应，既能提高资源外显价值的利用程度，同时在一定程度开发了其材料的潜在利用价值。这一举措与新发展思路完全吻合，可以实现经济与环境的协调一致，实现可持续发展。

四、实现共享生态经济可持续发展

共享经济既可以提供相关服务，也可以提供具体的生态产品。共享经济的特征决定了它是具有生态可持续发展价值属性的。共享经济的生态价值，更侧重于共享经济对生态可持续发展所产生的价值，共享经济的产品和服务在经济活动过程中能够减少对环境的不良影响，对生态环境起着积极的作用。

共享经济的生态可持续发展价值是显著的，根据年度共享单车的经济社会影响报告，仅共享出行领域的共享单车，在 2017 年就节约使用汽油 141 万 t，节省能源使用成本达 124 亿元，累计减少了治理成本为 16 亿元的大气污染。这些数据都是共享经济生态价值的定量体现。

大力发展共享生态经济可持续发展是一条必经之路，也是一种大趋势。共享经济形式符合国家共享发展和生态可持续发展理念的要求，是互联网时代构建国家竞争新优势的重要经济力量，共享经济的模式在不断探索和更新，这也是国家落实创新驱动战略的表现。作为推动"双创"的经济试验基地之一，共享经济为经济建设提供了源头活水，增强了国家经济发展的可持续能力。共享经济形态可以促进产业链的发展，优化相应的产品，降低社会成本。共享生态经济还有助于政府解决一些城市的管理难题，共享经济提倡的广泛合作可以改善冷漠的社会关系；具体的共享产品如共享汽车在减少尾气排放方面、共享住宅平衡住房供需方面都体现了有益于生态可持续发展的价值。此外，共享经济还改变了社会上普遍企业使用的雇佣模式和长期以来的全职就业模式，劳资关系向更灵活的方向转变，社会网络更加稳定，社会成员可以成为自由职业者或共享经济的兼职人员，这样的模式于公司、于个人都是有利的。共享生态经济还能缩小城市和区域发展的不协调问题，减少人员犯罪。不同行业的共享经济活动在解决社会和生态等方面的问题上效果显著。

共享生态经济还能培育人们的产权观念和合作意识，能提高人们的生态可持续发展认知程度和生态素质，使得绿色发展、生态价值观念和可持续发展思想深入人心，只有每一个人的努力，生态文明建设才有了根基和灵魂。发展共享生态经济有利于生态安全和社会发展，它是未来新经济活动的方向，而生态可持续发展价值是生态文明的重要内容。

（一）加强绿色生态教育

1. 加强绿色化生产和绿色消费教育

全体社会成员除了应该接受关于共享经济的宣传普及教育外，绿色生产和绿色消费教育也不可或缺。绿色生产教育面向的主要是企业相关人员。

首先，企业应树立绿色化生产意识，生产企业要主动担负起社会责任，通过在职培训、终身教育等机制加强人员素质的培养从而强化绿色生产及产品的塑造。在对企业人员的教育和培养中，应尤其注意以下三个方面内容：第一是企业人员绿色生产的思维和理念的培养，要加深他们对绿色生产的重要性和必要性认识与引导，使他们形成更加科学的价值观；第二是让企业人员掌握绿色管理的技能，在企业生产、运营过程和运输销售等环节都使用绿色化的管理技能来实现更加科学的生产和绿色化的治理；第三是让企业的相关人员掌握一些先进的专业化技术，比如绿色的制造、生产、物流技术等等，这些专业技术是强化绿色生产的基础和关键。确保生产所采购的产品及原材料符合低消耗的生态理念，在产品的制造和研发环节落实相关绿色要求。

其次，应该通过媒体和其他渠道推行绿色消费教育，需要社会对大众加以引导，绿色消费教育应当是面向全体社会成员的，通过环境问题的严重性、绿色消费价值观的必要性等教育，可以让消费者对生态环境问题给予更多关注，强化绿色消费教育有助于人们养成节约资源能源、适度节俭、保护生态环境的情感态度，减少自身的奢靡浪费等一些不合理消费行为。绿色消费是一种正确的消费理念，强化大众的绿色理念和绿色思维，让消费者崇尚绿色消费，并将行动体现到日常行为中去，能对生态产生积极的影响。做好绿色消费的教育和引导，有助于实现共享经济的生态价值。

2. 着力提高全民生态科学素养

生态素养的培育是一项基础又系统的工程，涉及人们对生态价值的知识储备、认知以及保护生态的意愿和行为能力，它关乎到人与自然能否长期和谐共处，将我国建设成为富强民主文明和谐美丽的社会主义现代化强国的目标中，全面提升人民生态素养，无疑是非常关键的一环。

提升全民生态科学素养需要提高生态认知和辨别能力，首先就需要国家和社会敦促公民真正地去了解生态，将各个渠道获得的生态知识转化为有利于环境的实际行动，做到知行合一。规范全民行为，让全民保持对生态的敬畏、对提升素养的重视和发展共享经济的热情。

其次，社会层面应该多方合力，高度重视，因为坚持生态发展、尊崇生态理念、推行生态行为、培养生态人才是实现共享经济良好发展必须长期坚持的重要举措。政府是主要引导者之一，首先应该要摆正引路人的角色，从大局抓起，教育部门需要大力推进全民生态科学素养，学校教育是提升全民生态科学素养的重中之重，应该在生态素质的观念、知识和能力方面均要求达标，教师也要避免一些空洞化的教育，让学生在切实的感受中提升相关素养。此外，社会的监督、家庭的熏陶、个人的践行每一个环节都不能忽视。

落实提高全民生态科学素养，目标是使得全社会都能意识到共享经济的生态价值并积极维护共享经济的发展。只有全民生态科学素养都提升上去了，消费者能主动遵守公德，扮演好共享经济消费者、使用者、维护者的角色，甚至主动担当起管理者和监督者的角色，共享经济生态可持续的发展目标才能更加顺利地实现。大众都应该具有环保意识、规则意识、诚信意识、协同意识，每个人都应主动地参与到共享经济的运营和管理中去，加入一些共享经济的志愿服务，参与企业的一些常规管理，通过自身的实践和经验向企业反映一些合理的问题和诉求，能为促进共享经济生态价值更好实现提出相应的建议。

（二）提升共享经济平台企业的绿色管理

对于企业而言，共享经济活动的顺利开展需要依靠更加优质的管理。作为一个共享经济企业，首先应该提供生态化的产品，其次，运营过程中需要不断地进行风险识别、完善相关的应急反应体系，并将自我审查和技术创新贯穿在运营的整个过程。

1. 提供基于产业链的绿色生态产品

共享经济从本质而言是一种绿色生态化的经济，因此它的产品首先就应该是环保绿色并具有生态价值的，当然除了最终端的生态产品，共享经济企业应该保证将生态环保贯穿于整个产业链中。

基于共享经济的相关产业链，提供生态产品主要应该包括研究开发时的绿色生态，生产加工时的绿色生态，运输和储存时的绿色生态以及消费时的绿色生态。研究开发生态产品处于产业链的上游，在共享经济活动中，开发出的产品应该是明显具有改进性质的材料、产品或是服务，尽可能地在研发过程中做到产品服务的创新，通过一些绿色的科技和先进的生产力机制来生产一些共享经济的主流产品，这些产品在它的整个生命周期中应当是对生态有益并且有着很高资源利用率的。对于产品原材料的选取，应尽可能地使用具有良好性能、环境协调性好的材料来减少环境压力，比如一些轻量负荷材料和自清洁的材料等等，减少对环境的破坏。

生产相关产品时，太阳能技术、风力发电、水力发电等绿色能源和技术应该被优先使用，这些技术使用的是清洁能源，是实现绿色生产的基础内容和关键点。生产加工环节后需要将生产的产品向下游运输，绿色包装的使用、污染控制技术的提升均可减轻对环境的压力。运输和储存过程连接了生产和市场，这其中可进行仓储、流通加工和运输的绿色化改进，可以采用环保型的运输工具，尽可能地避免产品在存储和运输中的损耗和成本增加。至于销售端和产业链末端，倡导绿色可持续消费，及时回收再利用产品等都能提升整条产业链的生态价值。

共享经济企业应该转变一些落后的产品生产理念，不盲目地追求规模效益的最大化，而是能做到立足长远，把提供绿色产品、引导绿色发展和满足消费者需求三者结合并置于企业经营管理的突出位置。此外，企业也可以和政府、消费者联合建立相关的研究中心，做好绿色生态化产品的生产，在了解用户需求的同时，打造更加环保的产品，推动原有产品的循环再生和利用。共享经济企业只有提供更加绿色生态的产品，提高自身竞争力，才能更好地服务经济和社会。

2. 良好的风险识别和应急反应机制

企业肩负着共享经济发展最直接的责任，以共享单车为例，在它问世之初没能创建新的管理体系或用现有的管理体系进行管理无可厚非，但各种问题的出现迫切地需要企业去制定新的框架规制约束和管理．新的平台和经济模式给从业人员和用户等人群带去了新的风险和冲突，如果这些风险不能加以有效识别和控制，就可能转化为冲突和负面问题。

为避免冲突的发生，首先，平台必须要做到良好的风险识别，尤其要注意金融风险、数据风险、完善信用体系，比如在面对共享产品数额巨大的押金问题时，企业在管理中应把企业自持的资金和消费者的押金、预付资金以及其他各类专用款项严格区分，在提升企业自身资金使用规范意识和风险识别的同时还需接受银行等金融部门的监管，防控资金风险问题。

其次，共享经济平台还要做好数据安全和保密管理，优化相关的数据加密技术，从源头上制止相关的数据泄露、破坏和篡改行为，建立良好的应急反应机制，及时发现和处理数据泄露、商业犯罪等问题，防止数据库中庞大的信息落到不法分子手中。在应急反应机制中，还应该明确好责任承担机制、推出详尽的保险制度。

再次，完善征信也能很好地防范风险，建立安全的信用体系是共享经济发展和壮大的重要依托，没有信用的保障，共享经济的安全性就难以实现，目前很多企业也逐渐完善了信用评分等制度，运用技术手段对用户的信用水平进行客观评估，这是一个良好的趋势，统一完善的信用奖惩体系有利于形成守信的氛围，能减少信用风险等问题的出现。

良好的风险识别和应急反应机制是促进共享经济发展、实现其生态价值的保障，需要共享经济运营主体不断实践，不断改进。企业为了稳固市场和长期的生存，必须要转变自身的发展理念，配合政府的工作，进行风险识别和相关机制的创新。新的经济形势带来了多元复杂的风险形态，企业是风险识别和应急反应的主体，必须要承担风险防控的主要责任。及时地采取措施规避风险，用开放和不断更新的思维去面对新时代、新技术带来的新问题，才是问题的最终解决之道。

3. 共享平台漏洞审查和技术创新

共享平台在运营过程中要时刻进行漏洞的审查，提高安全和生态系数。很多的漏洞问题不应该在社会和媒体曝光后才引起共享企业的重视，而应该时刻被共享平台关注，在问题早期予以解决。如推出一款共享产品后，平台需及时关注反馈情况，在出现产品和业务问题时第一时间采取相应措施；在产品的投放问题上，共享平台应该在正确分析审视问题后，以互联网、大数据为支撑，对投放地区、投放数量等进行严格的考量，从整体规划上进行审查并有所突破，改善不合理的资源配置，释放供给的活力。

针对共享产品违规使用或者被破坏的问题，运营平台可以设立一些创新性的奖惩举措，比如在相关的 APP 应用中，可以采用一些方法鼓励用户规范共享，对用户合理使用共享产品的行为进行相应加分，对一些违反规定的行为进行惩戒。面对一些用户恶意刷信用分等使使用主体的门槛降低进而造成一些违约风险等行为，可以征集多维度信息，采用更加多元化的评价机制，通过对用户身份、信用等的认证和管理，可以提高客观性和安全性。平台在发现一些问题后要及时进行漏洞审查，落实相关责任，推广使用一些新的审查和管理技术，从源头上提升治理能力。

共享经济行业内，龙头企业与中小企业的交流合作，能够给中小共享企业提供一个示范和榜样，双方在合理合规的情况下相互了解，可以促进共享平台进行漏洞审查，促进业务能力以及创新水平的提升。这种机制也能促进和规范共享经济新业态的发展。

共享平台中活跃的用户很多，参与的社会活动广泛，需要更多地去承担相应的社会责任。共享企业应该发掘源源不竭的生态价值动力，把技术、资源和产品更好地服务社会，不断地审查自身漏洞，进行技术创新。

（三）营造政府政策引导和有效监管的良好社会生态

共享经济生态价值的实现少不了政府政策的引导，绿色制度是共享经济发展的保障，共享经济的发展同时还需全社会的支持和监管。对于一些绿色产业，社会可以给予一些优惠的制度扶持；对于共享活动中出现的违法违纪行为，政府应出台相应的法律规范；在人才体系方面，社会引导和加强相关的队伍建设；对于整个社会环境，营造良好的社会生态是基础。

1. 加强对绿色产业和绿色经济的扶持

社会监管方应积极地支持和维护共享经济的良性发展，发挥好引导作用。共享经济的监管主体涉及工商、城管、公安、质检等众多部门，它们均是政府的组成部门，职责是解决一些社会问题和修正相关理念。当下需要明确各部门的管理职责并使它们各司其职，成立统一协调的机构来促进共享经济的发展。

首先，相关政府部门就要做好鼓励绿色产业发展的引导工作，尽可能地利用各种资源和渠道对社会大众进行引导教育，使大众对这些产业有更新更全面的认识，有更强烈的意愿加入绿色产业和绿色经济活动中去。实践证明，发展初期很多共享行业都存在着没有入市准则、无序竞争等诸多问题，需要政府加强对共享产业的引导，同时规范其产业形态，用开放和包容的态度对待一些共享经济活动出现的问题．政府的引导应该是系统而全面的引导，其中包括了对大众的舆论引导和政府的政策引导这两个方面，在具体实施过程中，需要发挥社会和网络新媒体等的正面引导作用，鼓励绿色产业和绿色经济的发展，对年度生态贡献突出的企业代表予以嘉奖，对妨碍共享经济正常运作的人员进行媒体报道和相关处罚；对一些国内相对陌生或经营困难的共享行业和领域，在政策上要予以倾斜；鼓励与绿色产业和绿色经济相关的创新创业。

其次，对一些发展共享经济的小微企业适当进行经济上的扶持，政府可通过推出信贷额度提升、减免部分税收等优惠政策扶持企业发展；在采购相关物品时，政府部门也可优先考虑开放共享的经济产品，将加大财税支持与行政支持两者相结合。

当然，在共享企业整体发展过程中，政府可以根据自身的责任定位和社会环境决定一些更加具体的引导和扶持措施，在关键时刻帮扶中小共享企业渡过难关，给它们一个能向社会展现出生态价值和经济价值的机会。

2. 健全共享经济绿色管理法律法规

俗话说"没有规矩无以成方圆"，共享经济的发展同样离不开法律规范。没有法律制约的共享经济发展最终很有可能是混乱而无序的。由于共享经济相关法律法规的不够完善，很多不良行为肆意滋长，所以针对共享经济背景下一些行业的突出问题，法律的健全和政府的监管有着强烈的紧迫性和巨大的意义。健全共享经济活动的管理体系，需要用法律法规来明确社会、企业和个人的责任与义务，确保共享经济活动中出现问题时能落实相关责任人，严厉打击共享经济中的不良行为，对于一些用户恶意损毁共享产品等行为，还应视情况追究相关人员的法律责任。

在现今的大环境下，政府需要提升自身公信力并且做好顶层设计，根据相关问题适当健全法律法规，对于第三方平台出现漏洞，消费者权益得不到保障等问题，相关的法律法规也要落实健全，厘清各方责任。在合理的范围内制定相关的政策法规推动和鼓励共享经济新兴业态的发展，在大众创业和万众创新的基础上，完善更成熟的规章制度，探索新的商业模式，这样才能使得共享经济的发展更加地生态、健康。

在共享经济的整个发展过程中，对行业和行业问题的关注度不够可能会导致问题行为的扩大化，所以在各项法律法规得到确立和完善之后，政府部门还需要加强关注和监管，我们提倡政府相关部门相互配合，发挥整体性的功能，彼此协调，形成合力，对于共享经济发展中出现的法律、金融、交通等多种问题进行跨界治理。

长期看来，共享经济的生态持续发展更多地依赖于规范化、法制化和长效化的法律机制。完善绿色管理相关法律法规，需要长期的实践实行和摸索改进，中国可以根据自己的国情和共享经济在本土的发展特点、问题特点，结合其他国家的一些经验教训修改和完善相应的绿色法规。

3. 加快绿色管理相关人才队伍建设

人才是管理的基础，随着共享经济的不断壮大，相关人才也已经逐渐不能满足发展的需求，绿色管理人才缺乏，人才之间联动不足，协调培养机制缺失等都会影响共享经济生态价值的实现。加强规划和管理最重要的问题就是进行人才队伍建设。

目前制约人才队伍建设的外在原因是很多管理者狭隘的用人育人观念，他们认为不需要投入过多的金钱和精力进行人才培养，或者直接用急功近利的方式去培养人才，认为人才培养是物力、人力资源的浪费。人才培养机制的不健全是影响共享经济人才队伍建设的内在因素，需要相关的监管方健全规范人才培养制度，合理化推进绿色人才培养工作，做好绿色人才的管理，关注人才的培养、引进、使用、激励等多个方面，充分利用好各项政策鼓励优待绿色管理人才并进行相关重视人才氛围的建设，提高人才的创新性和能动性，推动人才培养机制的创新。

企业在培养相关绿色人才时，要将各人才之间独特的资源交叉融合，激励不同部门的人员交流、合作，进行协同培养，在企业的组织架构中，可以适当地建立交叉的跨部门矩阵型结构，在平台各个项目团队形成的不同职能机构中，集合不同专业技能与智力资源的相关人才，采用人才协同成长的制度来实现培养人才效益的最大化。在企业相关人才队伍建设中，还要发挥业内资深人士和专家的力量，可以成立一些跨行业和领域的专家咨询委员会，管理人员之间可以互相学习、取长补短。共享平台也可和高校或其他的科研机构合作进行相关项目的研究，提早选拔、培养在共享经济领域有优势、有想法的人才。

4. 强化监管和全社会共享氛围建设

强化共享经济监管首先需要完善共享经济的监管对策，除了增加政府监管力度以外，还应坚持政府监管与行业监管并存的监管模式，政府与行业、协会之间应协调配合，加强信息共享，在多方面增进沟通，发挥各方优势，着力保障相关措施的落实，实现更加张弛有度的监管体系。

营造良好的社会环境需要每一位公民的努力，良好的共享经济生态环境是一种有序、安稳、发展的社会状态，需要党和政府、平台企业、人民群众的积极努力，各个阶层相互协调，消除生态不和谐的因素。每个人都应该意识到自己既是发展共享经济和参与共享经济活动中受益的一份子，又是责任义务的主体，自觉从自己做起。

和谐的生态共享氛围能使所有人受益，营造良好的社会共享生态环境是一项长期的工程，从来不是一蹴而就的。持续不断地抓好国民教育，提高人们的公共道德素质，尽管在短期时间内，法制化程度和全民素养提高难度较大，但坚持不懈的努力终能展现成果。行业的发展、共享氛围的营造需要很多部门正视相关问题，通力合作，规范不当行为，需要共享企业、运营平台自身进行积极地改进创新。

营造共享生态环境，政府和企业之间、运营平台之间的数据共享水平还需要进一步提高。从企业发展的角度来看，平台内部相关用户信用、身份等信息的治理需要政府的支撑，政府部门所拥有的大量不涉及国家、个人安全的信用信息数据可以适当地向平台公开，改善平台获取关键信息渠道少、成本高的现状，形成开放的政企合作环境更有利于数据资源向生产力方向转化，共享企业就能获得业务创新的更有利条件。从政府角度而言，相关部门对平台精细智能化的管理，平台与政府部门之间有效地共享资源、行为、供需等数据，也能提高政府的服务效率、管理水平与应急响应能力，可以创造一个联动的机制和良好的共享氛围。

作为一种基于现代信息技术并且在运营过程中需要不断创新的经济活动，共享经济符合我国经济发展转型和经济结构优化调整的大趋势，我们都应鼓励支持新业态的发展。全社会共享氛围的建设关键在于政府、企业、消费者之间权益和冲突的调和，三方中任何一方的缺位或者错位都可能导致陷入共享经济治理相关问题的困境。优化共享经济的环境，创建生态共享的氛围，适当地运用试点先行的策略，依靠全社会的力量去引导和监管共享经济行业的有序发展，都有助于实现共享经济的生态价值。

（四）降低碳排放有助于实现可持续发展

碳排放量超标是我国在过去的二十多年时间里非常困扰的问题，追求经济发展的速度使得燃料过多过快地被利用，二氧化碳等气体排放量不断上升。就以我国人均二氧化碳排放量为例，自我国 2002 年加入世界贸易组织以后，碳排放量的上升幅度就尤为明显，在 2006 年这一年超过了世界的平均二氧化碳排放量。目前中国的碳排放量不容乐观，已远超很多国家。虽然在此期间我国经济发展不断推进，绩效令世界瞩目，但是比较我国 GDP 水平和人均碳排放量水平这两者的增速，远超世界平均水平的二氧化碳排放量换来的还只是中等的经济发展水平，牺牲了巨大的环境代价。

降低碳排放成为很多行业的追求。共享经济的模式具有降低碳排放的特点，这就决定了它是一种低碳经济。低碳经济是建立在降低二氧化碳等温室气体排放的基础上的，是一种低污染与低能耗的经济发展体系。共享经济能够降低碳排放这一生态价值给可持续发展提供了一条新路径。以共享交通为例，斯德哥尔摩相关数据分析显示，共享交通的出现，减少了 5% 的汽车使用量，同时节省了 3% 的汽车行驶里程。北美一些学者的实证研究发现共享交通可以明显地减少汽车的购买需求，因此也就减少了汽油消耗。无论是在汽车制造还是燃油消耗方面，共享交通的形式都降低了二氧化碳排放。不同行业不同形式的共享经济有着近乎相同的可持续发展和生态价值体现。

在共享经济的相关活动中，一方面，共享经济模式已经在研究并努力从源头上控制二氧化碳气体的产生，另一方面，在某些源头控制零碳排放和无害化技术尚未实现可行性低的情况下，共享经济活动依然能利用多种消费方式来缓解碳排放、减少污染。共享经济满足人们需要的同时又合理地使用了资源并且保护环境，能解决好环境与发展之间的矛盾，综合展现出可持续发展的积极态势。

五、开展生态可持续发展的对外贸易

生态经济可持续发展的主要特征之一是地域性与国际性的统一，发展生态经济的关键就不仅仅在一国之内还要有国际视野。

（一）促进贸易与资源协调发展

1. 提升国内资源的利用效率

在对外贸易中要降低对现有资源的消耗，避免过多的消耗资源的加工贸易和低水平加工，鼓励节能环保、绿色产品和高附加值产品的出口贸易；加大环保力度，增强资源的利用效率；加快升级传统产业，培育新的生态可持续发展新兴产业，调整产业结构，实现对外贸易中资源可持续发展。

2.充分利用全球能源资源

要深化能源外交，提升能源资源的国际合作水平，加快能源就地转化，从而缓解能源供需矛盾；还要加强区域资源的有效利用，提升区域能源资源的有效利用；加强国际间能源的"互联互通"。

（二）促进贸易与环境协调发展

1.优化进出口产品结构与质量

对外贸易环境协调发展中，要调整并优化贸易产品结构，鼓励贸易企业实施低碳排放、节能环保产品的贸易活动；大力扶持绿色贸易的出口减税、清洁技术、环保技术研发，优化对外贸易产品结构，提高对外贸易产品质量，建立有利于生态可持续发展的贸易体系，走环境友好型贸易道路。

2.加快构建绿色贸易政策体系

在优化对外贸易产品的结构与质量的基础上，要加快构建与环境协调的出口退税政策、进出口准入制度和投资制度，形成完善的生态经济可持续发展贸易政策体系，将外资吸引到生态绿色环保产业中来。

（三）加快改革国内管理体制机制

1.建立符合生态要求的市场机制

要建立环境成本内部化的市场机制和环境成本信息体系，建立排污权市场，明细环境资源产权，加快完善有效的生态补偿机制，准确估算生产和贸易各个环节所造成的环境成本，为生态可持续发展提供决策基础。

2.建立符合生态要求的政绩考核体系

建立政绩考核体系和政府部门之间的协调合作机制，促进外贸发展方式转变，突出对资源能源、节能减排、环境保护等约束性指标的考核，发挥各国政府合力，解决关系到各国生态发展的全球环境问题。

3.建立符合生态要求的财政税收政策

建立可持续发展的绿色税收体制，建立与清洁生产相关的财政扶持政策，推动绿色产品出口贸易的快速发展，设立促进贸易发展的贴息、担保等市场手段，建立中央和地方事权明晰的多级投入机制。

（四）积极应对国际贸易环境规则

1.充分利用国际公约优惠政策

深入研究国际公约与国际规则中有关环境的立法与贸易措施，充分利用国际组织和国际公约中各种多双边优惠政策。积极参与有关国际环保组织和贸易组织的活动和谈判。

2. 促进与国际标准认证相衔接

推动对外贸易产品的标准化，积极参与国际认证。及时了解国际技术改造方向，跟踪了解公约和最新标准对国际贸易的限制要求，了解最新国际产品的技术规则，及时调整本国贸易产品的指标要求，提升外贸产品的品牌资产和外贸产品的竞争力。

参考文献

[1] 刘冬梅. 可持续经济发展理论框架下的生态足迹研究 [M]. 北京：中国环境科学出版社，2007.

[2] 马金华，刘永碧. 农业生态的基本原理与实践 [M]. 成都：西南交通大学出版社，2011.

[3] 高德明. 生态文明与可持续发展 [M]. 北京：中国致公出版社，2011.

[4] 朱玉林. 基于能值的湖南省农业生态经济系统可持续发展研究 [M]. 北京：知识产权出版社，2012.

[5] 曾群. 武汉城市圈生态环境与经济协调发展研究 [M]. 武汉：华中师范大学出版社，2012.

[6] 刘茂松，刘励敏. 洞庭湖区腹地生态经济发展战略研究 [M]. 长沙：湖南大学出版社，2013.

[7] 赵玲. 生态经济学 [M]. 北京：中国经济出版社，2013.

[8] 王洪，李海波. 生态可持续发展导论 [M]. 沈阳：东北大学出版社，2014.

[9] 杨京平. 环境与可持续发展科学导论 [M]. 北京：中国环境出版社，2014.

[10] 杨恒山，邰继承. 农业可持续发展理论与技术 [M]. 赤峰：内蒙古科学技术出版社，2014.

[11] 孙海军，等. 构建新型城市生态研究 [M]. 北京：中国财富出版社，2014.

[12] 刘德江. 生态农业技术 [M]. 北京：中国农业大学出版社，2014.

[13] 饶品华，等. 可持续发展导论 [M]. 哈尔滨：哈尔滨工业大学出版社，2015.

[14] 冯海发. 农业可持续发展：理论与实践 [M]. 长春：吉林出版集团股份有限公司，2015.

[15] 冯年华. 区域经济与可持续发展：理论、模型与策略 [M]. 长春：东北师范大学出版社，2015.

[16] 王静. 西部地区农产品物流可持续发展政策研究 [M]. 北京：方志出版社，2015.

[17] 刘湘溶，罗常军. 经济发展方式生态化：从更快到更好 [M]. 长沙：湖南师范大学出版社，2015.

[18] 江瀚. 拥抱大地：高效生态农业探索之路 [M]. 上海：上海科学技术出版社，2015.

[19] 揭益寿，杨柏林，林昌隆. 中国绿色循环现代农业研究 [M]. 徐州：中国矿业大学出版社，2015.

[20] 诸大建，等. 可持续发展与治理研究：可持续性科学的理论与方法 [M]. 上海：同济大学出版社，2015.

[21] 周毅. 中国矿产资源可持续发展战略研究 [M]. 北京：新华出版社，2015.

[22] 吴季松. 生态文明建设 [M]. 北京：北京航空航天大学出版社，2015.

[23] 严立冬. 农业生态经济学 [M]. 武汉：武汉大学出版社，2015.

[24] 张天柱. 现代农业园区规划理论与实践 [M]. 郑州：中原农民出版社，2016.

[25] 陆若辉. 现代生态循环农业技术与模式实例 [M]. 杭州：浙江大学出版社，2016.

[26] 刘洋. 区域协调发展论 [M]. 北京：中国市场出版社，2016.

[27] 杨亚非，等. 现代农业问题研究 [M]. 南宁：广西人民出版社，2016.

[28] 金涛. 城市可持续性概念模型研究 [M]. 南京：东南大学出版社，2016.

[29] 杨祖义. 现代农业发展战略研究 [M]. 北京：经济日报出版社，2017.

[30] 刘嘉茵. 现代城市规划与可持续发展 [M]. 成都：电子科技大学出版社，2017.

[31] 黄桦. 区域经济的生态化定向：突破粗放型区域经济发展观 [M]. 太原：山西经济出版社，2017.

[32] 梁鸣早，路森，张淑香. 中国生态农业高产优质栽培技术体系：生态种植原理与施肥模式 [M]. 北京：中国农业大学出版社，2017.

[33] 王晶，张春红，孙蓉蓉. 城市生态社区建设研究 [M]. 长春：吉林美术出版社，2017.

[34] 任亮，南振兴. 生态环境与资源保护研究 [M]. 北京：中国经济出版社，2017.

[35] 吕卫光. 上海生态农业典型模式研究 [M]. 上海：上海科学技术出版社，2018.

[36] 李创. 产业生态化发展研究 [M]. 北京：中国纺织出版社，2018.

[37] 赵慧. 区域经济发展理论与实践 [M]. 兰州：甘肃人民出版社，2018.

[38] 马歆，郭福利. 循环经济理论与实践 [M]. 北京：中国经济出版社，2018.

[39] 张骥飞. 可持续发展与生态旅游学研究 [M]. 长春：东北师范大学出版社，2018.

[40] 蒋平. 环境可持续发展的协同效益研究 [M]. 上海：复旦大学出版社，2018.

[41] 相雅芳. 当代可持续意识构建研究 [M]. 上海：上海大学出版社，2019.

[42] 王文月，葛立群. 农业农村现代化与产业科技创新研究 [M]. 北京：科学技术文献出版社，2019.

[43] 陈阜，隋鹏. 农业生态学 [M]. 北京：中国农业大学出版社，2019.

[44] 李节. 马克思经济学的现代系统范式 [M]. 北京：中央编译出版社，2019.

[45] 匡远配. 两型农业的理论构建和模式创新 [M]. 北京：人民出版社，2017.

[46] 杨英杰. 做优国企 改革新读本 [M]. 北京：清华大学出版社，2017.

[47] 任建兰. 区域可持续发展导论 [M]. 北京：科学出版社，2014.

[48] 朱伯玉，盖光，陈红兵. 生态法哲学与生态环境法律治理 [M]. 北京：人民出版社，2015.

[49] 张新宇，石玉顶. 论生态城市经济 [J]. 环渤海经济瞭望，2010（05）：43-46.

[50] 姜明. 生态文明视域下绿色经济发展现状研究 [J]. 产业创新研究，2020（20）：55-57.

[51] 刘全领，李运兵. 我国农业经济可持续发展存在问题与对策 [J]. 山西农经，2018（11）：35.

[52] 孙金峰，梅子侠. 循环经济的生态伦理及发展原则 [J]. 知与行，2016（09）：25-28.

[53] 范馨月. 论我国区域经济可持续发展面临的问题及实现途径 [J]. 现代

经济信息,2017(07):471.

[54] 刘飞,张忠华.西方国家循环经济发展经验与启示[J].环渤海经济瞭望,2017(04):15-17.

[55] 张建.关于现代城市规划设计的几点思考[J].科技创新导报,2011(24):31.

[56] 崔雅欣.我国经济的可持续发展与绿色金融[J].中国商论,2019(04):34-35.

[57] 刘高田.试论生态农业经济的可持续发展策略研究[J].现代农业研究,2020,26(11):42-43.

[58] 苏毅华.可持续发展视角下生态农业经济发展路径探析[J].湖北农机化,2019(18):15-16.

[59] 张洮.生态经济要求下农业经济发展路径探究[J].佳木斯职业学院学报,2020,36(01):37-39.

[60] 马波.论生态风险视域下政府生态安全保障责任之确立[J].法治研究,2013(04):55-61.

[61] 张建玲.资源、能源和环境约束下的生产函数模型及实证研究[J].工业技术经济,2010,29(03):62-66.

[62] 刘建成,刘柏炎,范珍明.习近平文化自信重要论述的形成依据、理论精髓及实践路径[J].重庆第二师范学院学报,2020,33(02):5-9+127.

[63] 史小英.化学工业循环经济分类及发展模式[J].粘接,2019,40(06):136-138.